Ute Holm

Western-Reiten

aber bitte klassisch

Müller Rüschlikon

Einbandgestaltung: Andreas Pflaum

Umschlagfotos: Christof Salata

ISBN 3-275-01304-1

3. Auflage 2003

Text: Daniela Bolze
Fotos: Christoph Salata (98), Dirk Büttner (1), Helmut Nicklas (1), Frank Nitschke (1), Claudia Schnell (1), Carola Stehn (2), privat (1)

Zeichnungen: Andreas Pflaum
Lektorat: Carola Nowak
Innengestaltung: Andreas Pflaum
Gesamtherstellung: Fotolito Longo, I-39100 Bozen
Printed in Italy

Ute Holm

Western-Reiten

aber bitte klassisch

Müller Rüschlikon

Inhalt

Zu diesem Buch

Gutes Westernreiten und klassische Reitkunst basieren auf den gleichen Grundsätzen. Das Ziel der Ausbildung ist immer ein fein aufeinander abgestimmtes Pferd-Reiter-Paar ...

Westernreiten, aber bitte klassisch – dieser Titel mag Ihnen auf den ersten Blick ungewöhnlich erscheinen. Doch klassische Reitkunst und gutes Westernreiten sind kein Widerspruch – ganz im Gegenteil.

Oft scheint es so, als hätten der Ausbildungsweg und die Ausbildungsziele in beiden Reitweisen nicht viele Gemeinsamkeiten. Aber wenn man etwas genauer hinsieht, findet man zahlreiche Parallelen. So bauen beide Reitweisen auf den gleichen grundsätzlichen Ausbildungsschritten auf: Takt, Losgelassenheit, Anlehnung, Schwung, Geraderichten und Versammlung.

Das Ziel der Ausbildung ist immer ein fein aufeinander abgestimmtes Pferd-Reiter-Paar – unabhängig von der Reitweise und vom Reitstil. Der Schlüssel zu dieser feinen Kommunikation zwischen Pferd und Reiter liegt darin, dass beide lernen, sich gegenseitig zu verstehen. Zum einen müssen Pferd und Reiter die Hilfen verinnerlichen. Das ist die technische Seite. Mindestens genauso wichtig – wenn nicht sogar ausschlaggebend für den Erfolg oder Misserfolg – ist aber die zweite Komponente: Der Reiter muss sein Pferd verstehen. Jack Brainard hat dazu in seinem Buch *Western Training** geschrieben: „Und vergessen Sie niemals: Ihr Pferd hat immer Recht.“ Ein Pferd wertet seine Reaktionen nicht, es unterscheidet nicht zwischen gut oder schlecht, richtig oder falsch. Es reagiert so, wie es ihm in der jeweiligen Situation zweckmäßig oder logisch erscheint. Wenn wir unsere Pferde genau beobachten, erzählen sie uns durch ihr Verhalten bzw. ihre Körpersprache sehr viel über sich – und darüber, wie sie uns als Reiter gerade empfinden. Die Pferde wollen uns verstehen, sie suchen die Kommunikation. Wir müssen nur lernen, genau zuzuhören.

Mit diesem Buch möchte ich Ihnen helfen, zusammen mit Ihrem Pferd Ihr Können wachsen und reifen zu lassen. Ich möchte Ihnen zeigen, wie Sie sich Ihrem Pferd verständlich machen, wie Sie seine Lust am Mitarbeiten wecken und erhalten können – auf dass sich beide, Sie und Ihr Pferd, immer wieder auf das Reiten und das tägliche Beisammensein freuen können.

* Jack Brainard/Peter Phinny, *Western Training*, erschienen im Ute Kierdorf Verlag

Aus der Praxis – für die Praxis

Ich möchte dieses Buch so praxisnah wie möglich gestalten. Es soll unter anderem Reitern eine Hilfe sein, denen vor Ort kein Ausbilder zur Verfügung steht oder die ihr Pferd nicht in Ausbildung geben wollen – die also nicht die Möglichkeit haben, für jede Frage einen Trainer zu konsultieren. Ich empfehle allerdings auch diesen Reitern, sich in Wochenend- oder Kompaktkursen eine solide Grundlage zu erarbeiten. Das Wissen, das sie von solchen Kursen mitnehmen, kann ihnen dann bei der selbstständigen Arbeit mit ihren Pferden als Leitfaden dienen.

Individuelle Ausbildung

Es gibt in der Westernreiterei einige wenige Zutaten, die fast alle verwenden. Entscheidend ist die richtige Dosierung, die Feinwürze. Genau auf sie kommt es an – sie macht einen guten Reiter und Pferdehalter aus.

Wer sich das Recht herausnimmt, mit Pferden zu arbeiten – besonders mit jungen Pferden –, der hat auch die Pflicht, sie so auszubilden und zu behandeln, dass sie nicht vom Menschen enttäuscht werden. Das heißt: Wenn ich ein Pferd, das später von einem Anfänger geritten wird, auf zu feine Signale hin ausbilde, wird es unter seinem zukünftigen Reiter fast immer enttäuscht werden. Denn dessen Hilfen sind viel gröber als die Signale, die das Pferd im Laufe seiner Ausbildung kennen und verstehen gelernt hat. Für einen Turnierreiter kann ich viel feinere Hilfen abrufbar machen. Das heißt aber nicht, dass ich ein Anfängerpferd weniger sorgfältig schule. Im Gegenteil: Seine Ausbildung muss wesentlich mehr gefestigt sein, damit es sich von unklaren Hilfen nicht irritieren lässt und z.B. einen Reitanfänger, der ihm auch mal in den Rücken fällt, aushält. Damit das Wohlergehen von Pferd und Reiter langfri-

Klare Verständigung: Wer es sich und seinem Pferd einfacher machen will, der sollte die „Reiter-Pferd-Sprache“ erlernen.

Auf die Kuh gekommen: In den USA entdeckte ich mein Faible für die Rinderarbeit.

stig sichergestellt ist, muss die Ausbildung also auf die Fähigkeiten des späteren Reiters und auf den zukünftigen Verwendungszweck des Pferdes abgestimmt sein. Auf jeden Fall sollte in der Partnerschaft Mensch und Pferd immer einer ein Könner sein und nur einer ein Anfänger – egal, ob nun das Pferd oder der Mensch. So kann immer einer vom anderen lernen.

Ich möchte die Reiter ermutigen, sich auf einen jahrelangen Ausbildungsweg einzustellen, nicht alles im Schnellverfahren und mit Tricks zu probieren, sondern ihrer eigenen Entwicklung und der ihres Pferdes Zeit und Raum zu geben. Dann werden beide auch viel Spaß an der Ausbildung haben – denn es gibt kaum etwas Lebendigeres, als so miteinander und auch aneinander zu wachsen.

Zwei- und vierbeinige Lehrmeister

Dieses Buch beschreibt in vielen Abschnitten meinen persönlichen Weg. Doch ich habe das Westernreiten nicht neu erfunden. Mein heutiges Wissen habe ich mir angeeignet und war offen für alles. Dabei habe ich unter anderem von hervorragenden Klassischreitern, aber auch von europäischen Westerntrainern und von den besten amerikanischen Trainern viel gelernt.

Und immer wieder waren die Pferde meine Lehrmeister. Denn jedes Pferd lehrte mich Neues. Es gibt im Umgang mit Pferden keine starren Vorgehensweisen. Jedes Pferd ist anders, jeder Tag, jede Situation. Der Reiter muss sich also ständig flexibel auf die jeweiligen Umstände einstellen, um sein Training sinnvoll aufbauen zu können. Je besser und erfahrener der Lehrer, je mehr Pferde man reitet und je mehr man richtig übt, desto mehr Gefühl bekommt man für die Pferde und für das Reiten – unabhängig von der Reitweise und vom Reitstil.

Einheitliche Kommunikation

Ich möchte mit diesem Buch versuchen, das Basiswissen für die Westernreiterei noch weiter zu globalisieren. Wenn sich alle Westernreiter auf eine einheitliche Sprache einigen, wie es sie in der klassischen Reiterei ja schon lange gibt, erleichtern wir uns und den Pferden die Verständigung. Denn längst nicht alle Pferde bleiben ihr Leben lang bei ein und demselben Besitzer. Eine allgemein gültige Sprache sorgt dafür, dass das Reiten nicht von Enttäuschungen und Missverständnissen geprägt ist, sondern dass es zum wunderbaren Erlebnis wird – für Pferd und Reiter. Denn wenn z.B. ein Reiter seinem Pferd beibringt, bei dem Wort „Grün" stehen zu bleiben und bei „Rot" anzugaloppieren, wird dieses Pferd einen anderen Reiter nicht verstehen können. Ich möchte eine Sprache, die für alle verständlich ist und zugleich individuell gestaltet werden kann.

Mein eigener Weg

Die Liebe zu Pferden habe ich in meiner Kindheit entdeckt, als die Familie Reisgies in unsere direkte Nachbarschaft zog und Heiko Reisgies dort eine Appaloosa-Zucht aufbaute. Er hatte eine bemerkenswerte Zuchtstutenherde mit frei laufendem Deckhengst. Seine Tochter und ich packten mit an: Wir versorgten die Pferde, brachten sie zur Weide, fütterten sie – und lernten all das, was zur Pferdehaltung und -pflege gehört. Wir konnten jede freie Minute mit den Pferden zusammen sein, sie auf der Weide beobachten, den Umgang mit ihnen spielerisch erlernen und unser Gefühl für die Tiere vollkommen unverkrampft und natürlich entwickeln – ein Weg, der sicherlich kaum jemandem offen steht.

Von der Dressur- und Springreiterei zu den ersten Westernturnieren

Als ich zu reiten begann, gab es in Deutschland noch keine Westerntrainer. Daher erhielt ich zunächst eine klassische Ausbildung. In Theo Hansen hatte ich einen sehr guten, wenn auch etwas strengen Reitlehrer, der hervorragend erklären konnte. Von ihm hörten wir immer: „Das Pferd darf nicht schwitzen. Jeder Schweißtropfen ist ein Haferkorn. Ihr müsst was tun auf dem Pferd." Er gab einem die Zeit, ein Gefühl für sich selbst, für das Pferd und für die richtige Einwirkung zu entwickeln. Er brachte uns bei, mit sehr leichter Hand und leichtem Bein zu reiten.

Ich ritt nach wie vor meine geliebten „kleinen" Appis, die mir in der Dressur natürlich Grenzen setzten. Beim Springen hatten diese Pferde noch etwas bessere Chancen – aber in der Dressur war spätestens bei Klasse L Schluss.

Mehr als langsam etablierten sich äußerst bunte Turniere im Westernstil, bei denen mehr die Gemeinsamkeit im Vordergrund stand als der sportliche Wettbewerb. Doch gerade diese Ungezwungenheit reizte mich und machte großen Spaß. Einige Reiter, die in der Westernszene heute Rang und Namen haben, waren damals schon dabei.

Familie Reisgies unterstützte mich, wo sie nur konnte. Ich durfte alles reiten, was vier Beine hatte. Heiko Reisgies fuhr mich zu Westernreitkursen und lieh mir später seinen Hänger und seinen Wagen. Außerdem ließ er jedes Jahr seinen Ausbilder Fritz Radtke aus Kanada kommen, der mich unterrichtete. Bei Herrn Radtke bildete ich unter Anleitung auch die Jungpferde aus. Das war für mich eine wunderbare Chance, um neues Wissen zu erwerben.

Lehrjahre in Kanada und in den USA

Bei meinem ersten Fortbildungsaufenthalt 1982 in Kanada nahm ich die Gelegenheit wahr, den Westernreitern dort über die Schulter zu schauen. So bekam ich den richtigen Einstieg ins Westernreiten, und ich erlag der Faszination des Reiningsports – wahrscheinlich deswegen, weil die Reining der Dressurreiterei so ähnlich ist. Schließlich geht es in beiden Fällen um das Streben nach Perfektion.

Wann immer es möglich war, reiste ich in die Staaten. Mitte der 80er Jahre lernte ich bei Buddy Roulston, dem Präsidenten der NRHA-Texas (National Reining Horse Association Texas), die Ausbildungsmethoden von Tom Dorrance und Ray Hunt kennen. Buddy Roulston zeigte mir die Ausbildung im Roundpen und das behutsame Anreiten von völlig rohen Jungpferden. Ich war zuvor noch nie mit solchen Pferden konfrontiert worden. Schließlich lernten unsere Fohlen zu Hause von Anfang an, überall mitzulaufen. Sie begleiteten die Mutterstuten auf Turniere und Fohlenschauen und waren mit drei Jahren schon abgeklärt, sodass man ohne Probleme mit der Ausbildung beginnen konnte. In Texas erlebte ich erstmals, was Pferdeausbildung noch sein kann. Ich traf die großen Meister des Westernreitsports und habe ihre Ausbildungs- und Lehrsysteme wie ein Schwamm aufgesogen. Sie gaben mir auch die Möglichkeit, das Gelernte auf Turnieren zu zeigen. Auch wenn die Reining mich am meisten faszinierte, startete ich grundsätzlich in allen Disziplinen.

Als ich wieder in Deutschland war, setzte ich all das um, was ich in den USA gelernt hatte. Wann immer einer der amerikanischen Trainer nach Deutschland kam, belegte ich Kurse bei ihm. So konnte ich herausfinden, ob ich auf dem richtigen Weg war, und mir neue Anregungen für mein Training holen.

Auf Erfolgskurs

Belohnt wurde mein Training durch zahlreiche Siege bei baden-württembergischen, deutschen und Europameisterschaften.

Inzwischen habe ich auch die Prüfung zum FN-Reitwart abgelegt, wovon ich sehr profitiert habe. Denn das theoretische Wissen, das mir beim Reitwart-Lehrgang vermittelt wurde, gilt größtenteils auch für Westerntrainer. Zusätzlich bin ich Inhaberin der Verbandstrainerlizenz der PWG (Professional Westerntrainer Germany). Auch heute noch besuche ich Trainer in den USA und nehme an Fortbildungsseminaren teil. Und als Westerntrainerin ist es mir – wie bereits erwähnt – besonders wichtig, das Ausbildungsniveau in der Westernreiterei zu erhöhen. Dieses Buch ist ein Schritt auf diesem Weg.

Pferd und Reiter

Westernreiten kann man mit jedem Pferd – aber Quarter Horses, Paints und Appaloosas eignen sich besonders gut dafür. Kein Wunder – schließlich wurden sie speziell für diese Reitweise gezüchtet. Damit aus Ross und Reiter ein gutes Team wird, muss auch der Mensch einige Voraussetzungen erfüllen: Einfühlungsvermögen, Wissen um die Bedürfnisse und Verhaltensweisen des Pferdes, Führungsqualitäten und vor allem Horsemanship sind die Grundlagen für eine gute Zusammenarbeit von Pferd und Reiter ...

Air Ride™

Warum Westernreiten?

Zum einen sprechen gesundheitliche Gründe fürs Westernreiten: Es ist wesentlich körperschonender als die konventionelle Dressur- oder Springreiterei. Die Gangarten der Westernpferde sind in der Regel flacher und weniger schwungvoll als die von Großpferden – auch wenn es natürlich immer wieder Ausnahmen gibt. Grundsätzlich ist die klassische Reiterei auf raumgreifenden Großpferden aber körperlich viel anstrengender als die schnelle, feine Westernreiterei auf den kleineren, wendigeren Westernpferden.

Außerdem empfinde ich die Westernreiterei mit ihren vielen verschiedenen Disziplinen (siehe ab Seite 140) als abwechslungsreicher und vielseitiger als die konventionelle Reiterei – selbst wenn es mittlerweile auch im Westernturniersport leider nur noch wenige Allroundreiter und -pferde gibt. Die meisten haben sich auf eine der vielen Sparten spezialisiert oder gehen als Freizeitreiter ins Gelände.

Welche Pferde eignen sich fürs Westernreiten?

Wie gut sich ein Pferd fürs Westernreiten eignet, hängt von seiner Veranlagung, seiner Ausbildung und seinem Trainingzustand ab. Natürlich kann man auf und mit jedem Pferd im Westernstil reiten – zumindest als Freizeitwesternreiter. Doch sobald man an Turnieren teilnimmt, greift die Bewertungsskala, und da schneiden die speziell fürs Westernreiten gezüchteten Quarter Horses, Paints und Appaloosas meist besser ab als Pferde anderer Rassen. Ausnahmen sind die Disziplinen Trail, Western Riding und Horsemanship, in denen unter anderem auch Ponys, Araber, Haflinger, und Warmblüter ganz vorn liegen.

Die typischen Westernpferde

Appaloosas, Paints und Quarter Horses wurden ursprünglich als absolute Allrounder und Arbeitspferde gezüchtet, die vor Pflug und Wagen genauso funktionieren mussten wie als Kavalleriepferde oder bei der Rinderarbeit. Sie haben gelernt, mit wenig Energieaufwand ihre Arbeit zu tun. Dabei sind sie locker und entspannt.

Pferde dieser Rassen können aus dem Dösen fast ohne Übergang angaloppieren. Von Null auf Hundert in Sekunden – diese Fähigkeit haben sie ihrer speziellen Bemuskelung zu verdanken. Dabei haben sie eine innere Gelassenheit, die dem Reiter den Raum gibt, sich auf anderes zu konzentrieren. Zwar fehlt den Westernpferden der Schwung von guten Dressurpferden – doch der ist in der Westernreitweise ohnehin nicht gefragt. Ihre Nervenstärke und ihre losgelassenen, gleichmäßigen Bewegungen ermöglichen ein bequemes, angenehmes Reiten – vor allem im langsamen Trab, dem Jog (siehe Seite 117). In dieser Gangart gibt es meiner Meinung nach die größten Unterschiede zwischen den einzelnen Rassen. Dagegen haben manche sehr gut ausgebildete Dressurpferde eine besonders weiche und ruhige Galoppade – vergleichbar mit dem Galopp der Westernpferde.

Ihre guten Charaktereigenschaften und ihre Robustheit verdanken die Westernpferde unter anderem der Tatsache, dass sie vor allem in den Staaten seit Jahrzehnten artgerecht gehalten werden. Im deutschsprachigen Raum wurden sie erst in den letzten Jahren immer populärer – besonders bei Freizeitreitern.

Das ideale Westernpferd hat für mich ein Stockmaß zwischen 145 und maximal 155 Zentimetern. Heute werden die Westernpferde allerdings immer größer gezüchtet. Das mag daran liegen, dass es immer mehr Umsteiger gibt, die sich scheuen, auf ein so genanntes Pony unter 148 Zentimeter Stockmaß „abzusteigen". Doch ich selbst mit meinen 177 Zentimetern Körpergröße hatte noch nie das Gefühl, zu groß für diese kleinen Pferde zu sein. Durch ihre Bemuskelung und Präsenz „decken sie mich ab".

Immer mehr Züchter stellen sich auf den Wunsch nach größeren Westernpferden ein. In den USA geht das so weit, dass die Quarter Horses, Paints und Appaloosas mit hohem Vollblutanteil ähnlich aussehen wie unsere Warmblüter. Doch je größer sie werden, desto mehr verlieren sie an Geschicklichkeit und Wendigkeit.

Das ursprüngliche Westernpferd hat eine besonders kräftige Hinterhand, die es gerne und schnell einsetzt. Im Vergleich zu einem Warmblüter kostet es nur einen Bruchteil der Zeit, ein Westernpferd zum Verlagern seines Gewichts auf die Hinterhand zu bringen – es trägt sich fast von selbst. Bei einigen neueren Zuchtlinien wird das allerdings schon schwieriger.

Allroundpferd: Das Quarter Horse ist vielseitig, nervenstark und leichttrittig.

Mich fasziniert vor allem das Wesen der Westernpferde. Bei den alten Westernzüchtungen findet man sehr kontaktfreudige und auf den Menschen bezogene Pferde, die gerne mitarbeiten, was den Umgang extrem angenehm macht. Somit sind sie vor allem für Kinder bzw. als Familienpferde gut geeignet. Meiner Meinung nach sind Appaloosas, Paints und Quarter Horses ideale Pferde für Jugendliche – nicht nur wegen ihrer Rittigkeit und ihres guten Charakters, sondern auch wegen ihrer Größe. Denn wenn die Jugendlichen heranwachsen, werden sie trotzdem nicht zu groß für diese Pferde – wie es bei vielen kleineren Ponyrassen der Fall wäre.

Die Westernpferde sind im Allgemeinen sehr genügsam und anderen Pferden gegenüber verträglich, sodass sie sich einfach in eine Herde integrieren lassen.

Rasse-Grenzen respektieren

Wenn man sich für eine Rasse entscheidet, muss man auch deren Eigenheiten berücksichtigen. Ich persönlich bevorzuge die klassischen Westernrassen – doch wie schon erwähnt: Westernreiten kann man mit jedem Pferd. Voraussetzung dafür ist allerdings, dass man seine eigenen und die Grenzen des Tieres erkennt und respektiert.

Araber

Araber können in allen Westerndisziplinen eingesetzt werden. Sie sind sehr arbeitswillig und klug, und es gibt erstaunlicherweise auch einige Araber mit Cow Sense (siehe Seite 146). Ihre Menschenbezogenheit erleichtert die Zusammenarbeit ähnlich, wie es auch bei den typischen Westernpferden der Fall ist. Allerdings fixieren sich Araber oftmals zu sehr auf eine Person.

Bei Arabern ist zu berücksichtigen, dass sie aus riesigen Wüstengebieten mit extremen Temperaturen stammen. Ein vergleichbares Umfeld können wir den Pferden hier nicht bieten. Deswegen ist es extrem wichtig, sie ausreichend zu bewegen und sehr korrekt zu füttern. Bei Arabern muss man besonders darauf achten, dass ihnen das Kraftfutter nicht in den Kopf steigt. Sonst wird man beim Reiten immer wieder Schwierigkeiten haben, das Pferd zwischen den Übungen ruhig abzustellen. Wenn ein Araber psychisch und vor allem physisch nicht ausgelastet ist, ist er sehr unruhig und temperamentvoll.

Wegen ihrer oft geraden Kruppe sind manche Araber schwieriger auf die Hinterhand zu arbeiten als typische Westernpferde. Leider wurden viele Araber zu lange als Halfter-Showpferde gezüchtet. Ihr Rücken ist nicht so stark bemuskelt wie bei Westernpferden. Folglich eignen sich vor allem die kleineren Arabertypen weniger als Gewichtsträger.

Ein besonderes Merkmal der Araber ist ihre Sensibilität, die sich zwar sehr positiv durch feinstes Reagieren äußern kann, aber auch sehr negativ durch Überreaktionen bei „Störungen" von außen – und als solche kann manch ein Araber bereits ungewohnte Trailhindernisse, Zuschauer oder eine fremde Umgebung ansehen.

Araber sind sicherlich gute Pferde für fortgeschrittene Reiter, aber sie eignen sich nicht unbedingt als Familien-Westernpferde.

Gangpferde

Ein Gangpferd fürs Westernreiten „umzurüsten", ist viel schwieriger, als ein anderes Pferd zum Westernpferd auszubilden. Die Gangpferderassen bieten manchen Reitern zwar Vorzüge – wie beispielsweise den Tölt und den Pass –, doch diese sind beim Westernreiten nicht erwünscht.

Selbstverständlich kann man mit einem Gangpferd z.B. auch mal an einer Trailprüfung teilnehmen. Aber einem Isländer oder einem Tennessee Walker den Jog beizubringen, ist wegen der speziellen Gangveranlagung dieser Pferde nicht einfach. Man ließe also das Naturtalent der Tiere brachliegen, um etwas für sie Künstliches zu fördern. Ich halte es daher nicht für sehr sinnvoll, Gangpferde western zu reiten.

Große Ponys

Ponyrassen wie Haflinger oder Norweger sind den Quarter Stocktypes, Paints und Appaloosas recht ähnlich – und zwar nicht nur in Bezug auf Gewicht, Größe und Rumpfform, sondern auch, was den Einsatzbereich angeht. Sie müssen in der Landwirtschaft und vor dem Wagen genauso zuverlässig mitarbeiten wie unter dem Sattel und dabei Nervenstärke beweisen.

Leider ist ihr Trab und Galopp oft sehr kurz und somit härter zu sitzen als bei den Westernpferden. Deswegen werden die Ponys oft als „Nähmaschinen" bezeichnet.

Auch wenn die Züchtungen immer schlanker und damit reitfreundlicher werden, sind immer noch viele Vertreter dieser Rassen schwerleibig und haben Speckhälse. Diese Aspekte muss man bei der Ausbildung und beim Training berücksichtigen. Je dicker der Hals, desto intensiver muss der Reiter daran arbeiten, dass das Pferd den Hals vor-

Kompakt: Kleinpferde wie z.B. Haflinger sind oft gute Trailpferde.

wärts-abwärts dehnt. Damit das Pferd dabei nicht zu viel Gewicht auf der Vorhand hat, muss man gleichzeitig besonders darauf achten, dass das Tier das Gewicht vermehrt mit der Hinterhand trägt.

Hinzu kommt, dass vor allem die etwas korpulenteren Typen natürlich nicht ganz so wendig und fix auf den Beinen sind wie die typischen Westernpferde. Ponys mit Arabereinkreuzung sind wiederum häufig zu leicht gebaut und außerdem meist nicht so ausgeglichen.

Die großen Ponys aber sind sehr gut im Trail und teilweise auch in der Horsemanship einsetzbar, wo es in erster Linie auf das Vertrauen und die Harmonie zwischen Pferd und Reiter ankommt. Cow Sense habe ich bei Ponyrassen dagegen noch nicht erlebt.

Englisches Vollblut

Reine Vollblutpferde sind extrem nervenstark, was für den Westernsport natürlich sehr gut ist. Doch wenn ein Vollblut warm ist, dann will es arbeiten. Folglich kann man es zwischendurch nicht so leicht „abstellen" wie ein Westernpferd. Diese innere Gelassenheit kann ein Vollblut zwar erlernen, aber dafür muss der Ausbilder viel Energie und Zeit aufwenden.

Englische Vollblüter werden vor allem als Rennpferde gezüchtet, sind also nicht unbedingt für den Westernreiter geeignet.

Traber

Traber sind für den Westernsport bedingt einsetzbar, sofern sie das Galoppieren gelernt haben und sich dabei einigermaßen ausbalancieren können. Es gibt extrem viele unterschiedliche Traber-Typen. Weil sie auf einen raumgreifenden Trab hin gezüchtet werden, braucht man viel Knowhow und fast endlose Geduld, um ihnen den langsamen Trab, den Jog, beizubringen. Wegen ihres traborientierten Gangwerkes haben sie als Turnierpferde meist keine guten Chancen. Oft haben Traber selbst im Trailparcours bei den kurzen Schrittfolgen über Stangen Probleme, und auch kleine, enge Wendungen im Galopp fallen ihnen sehr schwer.

Warmblut

Es gibt einige Beispiele von Warmblutpferden, die sehr erfolgreich im Westernturniersport eingesetzt werden. Grundsätzlich eignen sich Warmblüter wegen ihrer schwungvollen Gangarten und ihrer Größe aber nicht optimal fürs Westernreiten. Außerdem sind sie häufig nicht so nervenstark wie die typischen Westernpferde – wofür neben Zuchtfehlern oft auch Haltungsfehler verantwortlich sind.

Ich habe die Beobachtung gemacht, dass gerade bei der Zucht von Warmblütern viele Jahre lang zu sehr auf Leistung und zu wenig auf Rittigkeit und Charakter geachtet wurde. So leistungsgezogene Pferde sind nur selten für „normale" Reiter, also für Breitensportler, geeignet. Langsam scheint allerdings eine Rückbesinnung anzufangen – der Charakter gewinnt bei der Zucht wieder an Bedeutung. Natürlich gibt es immer Ausnahmen.

Aufgrund ihres Vollblutanteils sind die Warmblüter meist sehr leistungsstark. Wenn sie erst mal warm gelaufen sind – was bei ihnen etwas länger dauert als bei Westernpferden –, wollen sie auch laufen. Beim Westernreiten wird allerdings viel „Stop and Go" geritten. Der ständige Wechsel zwischen kurzen, konzentrierten Arbeitsphasen und völlig entspannten Ruhemomenten fällt den Warmblütern oft schwer.

Warmblüter sind wegen ihrer Körpergröße viel später ausbalanciert, nicht so wendig und folglich oft ungeschickter als die typischen Westernpferde. Für Kinder sind sie meiner Meinung nach nicht ideal, weil die kleinen Reiter beim Reiten auf diesen Pferden körperlich sehr strapaziert werden. Die Warmblüter sind sehr breit und zwingen die Kinder in eine zu weite Grätsche. Außerdem werden die Kleinen durch die schwungvollen Gänge dieser Pferde extrem geschüttelt, und auch der ganze Umgang mit großen Pferden (Führen, Trensen, Satteln und so weiter) ist für Kinder schwierig.

Kaltblut

Kaltblüter sind in der Regel sehr aufmerksam und sensibel. Sie reagieren hervorragend auf die Stimme, hören sehr gut zu und gehen ganz genau auf den Menschen ein. Dabei arbeiten sie gerne mit und lassen sich von Außeneinwirkungen nicht so leicht aus der Ruhe bringen. Deshalb eignen sie sich auch gut für so wichtige und gefährliche Arbeiten wie das Holzrücken.

Kaltblüter überzeugen mehr durch Geschicklichkeit als durch Tempo. Wenn sie einmal in Fahrt sind, ist das zwar sehr beeindruckend – aber auch beängstigend, wenn der Reitplatz Grenzen setzt. Sie können gute Trailpferde sein, haben aber manchmal Schwierigkeiten mit der Größe der Trailhindernisse. Grundsätzlich sind sie als Westernreitpferde etwas zu behäbig.

Kleine Ponys

Bei den kleineren Ponyrassen liegt das Problem in der Ausbildung. Denn welcher Erwachsene sollte die bei einem Shetty übernehmen? Natürlich können die Ponys bei der Bodenarbeit und beim Fahren vom Boden aus vieles lernen. Wenn die kleinen Ponys dann aber die Gewichtshilfen kennen und verstehen lernen sollen, wird es schwierig. Oft bleibt die Ausbildung unter dem Sattel dem ebenso unerfahrenen Reiterkind überlassen, und das Ergebnis hat mehr mit einem Wettziehen als mit feiner Verständigung zu tun. Das führt wiederum dazu, dass die Ponys mehr Eigenleben entwickeln, als für die Zusammenarbeit mit dem Menschen gut ist.

Mir tun diese Ponys Leid. Teilweise werden sie vernachlässigt und viel zu jung in den langweiligen Ruhestand geschickt. Wenn die Kinder zu groß für sie geworden sind, verkaufen viele Eltern die Ponys dann auch kurzerhand. Doch der ständige Besitzerwechsel tut den kleinen Ponys ebenfalls nicht gut.

Grundsätzlich gilt: Je größer ein Pony ist, desto besser sind seine Chancen auf eine gute Westernausbildung.

Wallach, Stute oder Hengst?

Meiner Meinung nach sind Wallache die besten Sport- und Freizeitpferde für Reiter, die viel Wert auf gleichmäßige, verlässliche Leistungen und einen üblicherweise ausgeglichenen Charakter legen. Dabei spielt es allerdings eine große Rolle, wann das Pferd gelegt wurde. Denn zu spät kastrierte Wallache zeigen oft Hengstmanieren. Angesichts der leider oft nicht artgerechten Hengsthaltung im deutschsprachigen Raum würde ich mir wünschen, dass viel mehr Hengste gelegt würden. Wallache haben in der Regel bessere Aussichten auf ein pferdegemäßes Leben in Gesellschaft von Artgenossen.

Wer züchten möchte, der muss sich natürlich für eine Stute oder einen Hengst entscheiden. Auch Reiter, die auf Turnieren siegen wollen, sind mit einer Stute oder einem Hengst meist gut beraten. Aufgrund ihrer hormonellen Konstitution haben Stuten und Hengste einfach einen anderen Ausdruck und mehr Kampfgeist als Wallache. Allerdings neigen manche Stuten zur Zickigkeit, und einige Hengste interessieren sich mehr für ihre Umgebung als für den Reiter auf ihrem Rücken. Trotz der Vorteile von Hengsten und Stuten halte ich Wallache für die zuverlässigsten Reitpferde.

Was sollte der Westernreiter mitbringen?

Horsemanship

Natürlich kann jeder Reiter auf einem Pferd sitzen und es von A nach B bewegen. Doch das hat wenig bis gar nichts mit wirklichem Reiten zu tun.

Wer das Westernreiten richtig erlernen möchte, der braucht viel Einfühlungsvermögen und Horsemanship. Damit meine ich die Bereitschaft, jedes Pferd als eigenständige Persönlichkeit anzusehen und es auch so zu behandeln. Ein Horseman geht auf das Wesen seines Pferdes ein und befriedigt dessen Bedürfnisse bzw. sorgt dafür, dass andere es an seiner Stelle tun – ohne die Verantwortung abzugeben. Wer sein Pferd als Sportgerät oder Prestigeobjekt betrachtet, ist mit Sicherheit kein Horseman. Horsemanship heißt, stets im Sinne und zum Wohle des Pferdes zu handeln, selbst wenn man dafür Unbequemlichkeiten in Kauf nehmen muss. Das bedeutet aber nicht, dass das Pferd nicht gehorsam sein soll. Es muss auf jeden Fall konsequent und bestimmt ausgebildet werden – unabhängig davon, ob es als Turnierpferd oder als Freizeitpferd eingesetzt werden soll.

Viele der Fähigkeiten, die einen Horseman auszeichnen, können erlernt werden. Doch die Bereitschaft, sich auf die Pferde einzulassen, muss man schon mitbringen – genauso wie das Verständnis dafür, dass jedes Pferd anders ist. Während sich das eine Pferd beispielsweise liebend gerne mit der Wurzelbürste abschrubben lässt, reagiert ein anderes schon mit unbehaglichem Zucken, wenn es nur abgebürstet wird. Es ist unendlich wichtig, diese Individualität zuzulassen und bereit zu sein, mit jedem Pferd neu dazuzulernen – denn es ist auch eine riesige Chance.

Der ideale Reiter ist offen für das Tier und für sich selbst. Er oder sie muss erkennen können, wo das Pferd eigene Verhaltensmuster widerspiegelt. Hat das Pferd heute wirklich einen schlechten Tag? Oder kam der Reiter vielleicht bereits verstimmt in den Stall und hat seine Laune auf das Pferd übertragen? Wäre es dann nicht klüger, abzusteigen und sich und dem Pferd eine Pause zu gönnen?

Ein guter Reiter und Pferdehalter sollte spontan reagieren können, sich und seine Gefühle im Griff haben und Verantwortung übernehmen – für sein Handeln samt Folgen und für das Pferd, und zwar in jeder Situation. Als Horseman hat er aber auch die Pflicht, das Pferd mit aller Konsequenz und mit Pferdeverstand zu erziehen.

Ohne Wissen geht nichts

Bevor man sich das Recht herausnimmt, sich auf ein Pferd zu setzen, sollte man sich mit dem Wesen, dem Verhalten und den Reaktionen des Tieres auseinander gesetzt haben.

Natürlich kann es eine wunderschöne Erfahrung sein, einfach nur mal im Sattel zu sitzen und sich das erste Mal im Schritt von einem Pferd wiegen zu lassen. Auf diesem Weg entdeckten sicherlich viele Menschen ihre Pferdeleidenschaft. Doch wer ernsthaft mit dem Reiten beginnen will, der sollte sich unbedingt ein Basiswissen rund um Pferde aneignen. Dazu gehören Kenntnisse über Fluchtinstinkt, Herdenverhalten, Körpersprache, Haltungsbedingungen, Fütterung, Körperfunktionen und Pflege. Das sind die Grundbausteine für den Umgang mit dem Pferd. Wenn ein Pferd beispielsweise beim Putzen nach anderen Pferden ausschlägt oder kitzlig ist, muss der Mensch die Ursachen dieses Verhaltens erkennen und verstehen. Der interessierte Anfänger muss spielerisch, aber verantwortungsbewusst lernen, welche Gründe ein Pferd für ein solches Benehmen haben kann. Erkennt er die Motive des Tieres nicht, so besteht die Gefahr, dass er falsch reagiert – was wiederum zu Unfällen und bleibenden Ängsten führen kann. Wer nur Angst vor Huftritten oder schnellen Fluchtreaktionen hat, kann sich dem Pferd gegenüber nicht als starke, bestimmende Persönlichkeit zeigen und so das Vertrauen des Tieres gewinnen. Ein einigermaßen selbstbewusstes Pferd wird bei zu wenig Führung eigene Ideen entwickeln.

Angst-Abbau

Gerade ängstliche Menschen sind beim Westernreiten gut aufgehoben. Zum einen wegen der Westernpferde selbst, die von sich aus besonders ausgeglichen und nervenstark sind. Dazu kommt die gute Erziehung, die das angstfreie Handling der Pferde erleichtert. Zum anderen ist die Westernreitweise einfacher und schneller umsetzbar als die konventionelle Reiterei. Das Ursache-Wirkungs-Prinzip ist beim Westernreiten wesentlich leichter und direkter zu erspüren – was wiederum beim Angst-Abbau hilft.

Was wir den Pferden schuldig sind

Wir dürfen eines nie vergessen: Ein Pferd muss seinen freien Willen aufgeben, weil wir Menschen es nutzen. Es kann sich nicht frei bewegen, bei reiner Boxenhaltung kann es sich sogar fast überhaupt nicht bewegen. Es kann nicht immer fressen, wenn ihm danach zu Mute ist. Oftmals kann es sich den Klimareizen (z.B. Sonne, Regen, Matsch) nicht so entziehen oder aussetzen, wie es das bräuchte.

Sicherlich gibt es auch in der freien Wildbahn Einschränkungen: Das Pferd muss sich einer recht rigiden Herdenordnung unterwerfen und sich immer wieder neuen Machtkämpfen in der Gruppe stellen – mal ganz abgesehen von dem zeitweise kargen Futterangebot im Winter und den natürlichen Feinden. Wobei all diese Härten der freien Wildbahn natürlich auch Lebensreize sind, Lebensaufgaben für das Pferd, die wir ihm nehmen.

Viele Pferde leben heute in tödlicher Langeweile. Je mehr wir den Pferden ihre natürliche Lebensweise verweigern, desto mehr müssen wir

als Halter und Reiter einen Ausgleich dafür schaffen. Der ständige Herdenverband ist allerdings nicht ersetzbar. Wer seinem Pferd die Gesellschaft von Artgenossen vorenthält, darf sich nicht wundern, wenn das Tier unwillig oder verhaltensgestört reagiert. Eine Kompromisslösung ist es beispielsweise, das Pferd nur nachts in der Box zu halten und es tagsüber in der Gruppe auf die Weide zu lassen.

Wir dürfen nicht die Pferde zu unseren Sklaven machen, sondern werden, wenn wir es mit den Tieren ernst meinen, zu ihren Sklaven.

Eine Kolik kann den Partybesuch jederzeit über den Haufen werfen. Eine Tierarztrechnung kann die Urlaubspläne zunichte machen. Auch wenn ich Menschen und Tiere nicht auf eine Stufe stellen will: Wer sich ein Pferd zugelegt hat, trägt für das Tier eine ähnlich große Verantwortung wie Eltern für ihre Kinder. Nur dass Kinder erwachsen werden und dann für sich selbst verantwortlich sind. Pferde bleiben ihr ganzes Leben lang – und das kann länger als 30 Jahre dauern – von uns abhängig. Wie wohl sich ein Pferd physisch und psychisch fühlt, liegt in unserer Verantwortung.

Gratwanderung: Horsemanship bedeutet, die richtige Mischung aus Einfühlungsvermögen und konsequenter Behandlung zu finden.

Was wir von den Pferden lernen

Wegen der fehlenden verbalen Verständigung müssen wir genau hinsehen, um zu verstehen, was mit einem Pferd los ist. Das schult uns auch für den Umgang mit anderen Menschen.

Außerdem lernen wir beim Umgang mit Pferden, unsere eigenen Interessen zum Wohle eines anderen Lebewesens zurückzustellen – und genau das ist es, was einen guten Pferdehalter ausmacht. Wenn wir uns zum Beispiel überwinden und trotz Regen dem Pferd zuliebe einen Spaziergang machen, tun wir dem Tier damit etwas Gutes. Gleichzeitig bekommen wir dafür ein großes Geschenk: das Vertrauen des Pferdes und seine Bereitschaft zur freudigen Zusammenarbeit mit uns. Mit Hilfe der Pferde lernen wir also, uns in andere hineinzufühlen. Dadurch können wir uns zum Positiven hin verändern, und unser Leben kann sehr viel bunter und reicher werden.

Die Fitness des Reiters

Neben der mentalen Einstellung gegenüber dem Pferd spielt beim Reiten auch unsere körperliche Fitness eine Rolle. Wie wichtig sie ist, hängt vom sportlichen Ehrgeiz des Reiters ab. Je beweglicher man in Rumpf, Hüften und Halsbereich ist, desto feiner und schneller kann man die Hilfen geben. Außerdem benötigt man eine gute Balance, ein feines Gleichgewichtsgefühl und ein exaktes körperliches Reaktionsvermögen, um seine Körperhaltung und Einwirkung in Bruchteilen einer Sekunde verändern zu können.

Je geschmeidiger man ist, desto leichter steckt man eventuelle Stürze weg. Wenn ein Reiter Angst vor dem Fallen hat, dann verkrampft er sich, und das spürt das Pferd natürlich. Schließlich verständigt es sich mit dem Menschen über seinen Körper. Es nimmt das Landen einer Fliege auf dem Fell wahr – und dementsprechend auch jede noch so kleine Muskelregung des Reiters. Je besser dieser seine Muskeln unter Kontrolle hat, desto genauer und feiner kann er folglich seine Hilfen einsetzen und mit dem Pferd kommunizieren.

Führungsqualitäten und Kommunikation

Ein guter Reiter und Pferdehalter sollte sich seinem Tier gegenüber problemlos durchsetzen können. Pferde folgen und gehorchen dem Alphatier. Das ist in der Herde das Pferd, das sich durch besondere Intelligenz, Voraussicht und Führungsqualitäten auszeichnet. Diese Eigenschaften muss ein guter Horseman mitbringen bzw. erlernen, damit das Pferd ihm respektvoll folgt. Der Umgang mit dem Tier ist ein ständiger, fließender Übergang zwischen Einfühlung und Abgrenzung.

Beim Umgang mit Pferden und beim Reiten kommt man nicht weit, wenn man einfach nur stur seinen Willen durchsetzen möchte. Sicherlich ist es wichtig, seine Ziele zu kennen und zu versuchen, ihnen so nahe wie möglich zu kommen bzw. sie zu erreichen. Doch um wirklich mit dem Pferd zu kommunizieren, muss man auf das Tier eingehen. Das heißt, dass man manchmal auch nachgeben und Kompromisse eingehen muss, um dem Ziel näher zu kommen – vor allem dann, wenn es um die eigene Sicherheit und/oder die des Pferdes geht.

Die Ziele des Reiters

Wer sich ernsthaft mit Pferden beschäftigen möchte, sollte sich über seine Motive und Ziele im Klaren sein. Denn danach richten sich die Qualität des Pferdes, des Equipments und der Ausbildung – und auch der finanzielle Einsatz. Nehmen wir als Beispiel einen Reiter, der Turnierambitionen hat, aber immer noch auf seinem geliebten Nichtwesternpferd reitet: Um mit diesem Pferd in der Westernreitweise ein bestimmtes Niveau zu erreichen, braucht er in der Regel unvergleichlich mehr Zeit und Energie als bei einem typischen Westernpferd – und hat unter Umständen nicht einmal eine reelle Chance. In solchen Fällen muss der Reiter sich ehrlich eingestehen, dass seine Zielsetzung nicht auf die Veranlagung und die Fähigkeiten seines Pferdes abgestimmt ist.

Auch wenn Sie sich für eine der typischen Westernrassen entscheiden, sollten Ihre Ziele und Ihr Pferd zueinander passen. Wenn Sie beispielsweise vor allem ins Gelände gehen möchten, dann liegen Sie mit einem Arbeits-, Cutting-, Pleasure- oder Trailpferd goldrichtig. Viele ausgebildete Reiningpferde müssten erst desensibilisiert werden, um gute Geländepferde für Einsteiger zu werden – was schade wäre. Denn diese Pferde sind meist auf so feine Gewichtshilfen abgestimmt, dass der hauptsächliche Einsatz im Gelände nicht unbedingt sinnvoll ist – ganz abgesehen davon, dass sie in der Regel einen speziellen Hufbeschlag haben, der fürs Gelände nicht optimal ist.

Natürlich spricht eine fundierte Reining-Ausbildung nicht gegen einen ruhigen Geländeritt. Im Gegenteil: Jedes Sportpferd benötigt Abwechslung zum Reitplatz – aber der Trainingsschwerpunkt sollte zur Veranlagung und Ausbildung des Pferdes passen. Also gilt in jedem Fall: erst denken, dann kaufen beziehungsweise trainieren.

Der Reiter sollte sich über seine Ziele im Klaren sein, um gemeinsam mit seinem Pferd viel Spaß zu haben.

Die Welt aus der Sicht der Pferde

Wenn wir Einfluss auf die Pferde nehmen wollen (und das tun wir, indem wir uns mit ihnen beschäftigen und sie reiten), müssen wir erst wissen, wie sie sich verhalten – und welche Gründe sie dafür haben. Nur dann können wir so mit ihnen kommunizieren, dass sie uns verstehen. Indem wir bei der Ausbildung und beim Training alle Instinkte der Pferde mit einbeziehen, motivieren wir die Rösser zur freudigen Mitarbeit ...

Das Verhalten der Pferde

Pferde sind Herdentiere und folglich sehr von den Verhaltensmustern geprägt, die fürs Herdenleben wichtig sind – z.B. von der Hierarchie und vom Fluchtinstinkt. Diese Aspekte müssen wir beim Umgang mit Pferden berücksichtigen. Außerdem sollte jeder Reiter wissen, wie Pferde auf die Körpersprache, auf Geräusche, Gerüche und Berührung reagieren.

Am besten lernt man die Pferde und ihr Verhalten kennen, wenn man sich die Zeit nimmt, sie immer wieder mehrere Stunden lang auf der Weide bzw. im Paddock zu beobachten, sofern sie in einem Herdenverband leben. Das ist vor allem während der Fütterungszeit sehr aufschlussreich – vorausgesetzt, die Pferde werden nicht einzeln gefüttert. In solchen Situationen zeigt sich die volle Bandbreite der Kommunikation von Drohungen über Machtspiele bis hin zum Zurückweichen. Die Macht des ranghöchsten Pferdes äußert sich in dem Recht, jeden Platz einzunehmen, wann immer es will. Die anderen haben zu weichen, ihm aus dem Weg zu gehen. Folglich ist das ranghöchste Pferd beim Fressen immer das Erste. Die Chefposition in der Herde hat meist eine ältere, erfahrene und intelligente Stute inne – und nicht etwa die größte und stärkste Stute. Die besten Aussichten auf die Leitposition haben Stuten, die mit Weitblick, Durchsetzungsvermögen, einem starken Willen und gerechter Dominanz auftreten. Der Herdenhengst übernimmt die Verteidigung seiner Stuten nach außen – sei es gegen andere Hengste, die ihm Stuten abspenstig machen wollen, oder gegen Raubtiere.

Hierarchie und Geborgenheit

Um sich wohl zu fühlen, brauchen Pferde die klare Hierarchie und die Geborgenheit der Herde. Diese beiden Aspekte spielen im Leben eines Pferdes von Anfang an eine wichtige Rolle. So treibt die Mutterstute ihr Fohlen weg, wenn es sich „schlecht benimmt", und sie gewährt ihm Schutz, wenn das nötig ist. Das junge Pferd lernt, dem Druck seiner Mutter und später auch dem anderer Herdenmitglieder zu weichen. Auf der anderen Seite bietet ihm die Herde Sicherheit.

Wir Menschen müssen beim Umgang mit Pferden und beim Reiten die Leitposition einnehmen. Das heißt, dass wir die Bestimmenden sind und den Pferden konsequent und für sie nachvollziehbar klarmachen, was sie tun sollen. Aber wir müssen uns auch anständig um das Wohl der untergeordneten Pferde kümmern, damit sie sich uns wirklich anvertrauen können.

Der Fresstrieb

In der freien Natur verbringen die Pferde den Großteil ihrer Zeit damit, zu fressen. Um unsere Pferde möglichst artgerecht zu füttern, müssen wir ihre tägliche Ration also auf viele kleine Portionen aufteilen, sodass die Tiere den ganzen Tag über in regelmäßigen Abständen etwas zu fressen bekommen.

Die richtige Grundversorgung mit Futter ist sehr wichtig für die Ausbildung und das Training. Die Pferde dürfen weder übermäßig gut im Futter stehen, sodass sie gar nicht mehr wissen, wie sie die Energie abbauen sollen, noch dürfen sie unterversorgt sein. Die Fütterung muss individuell auf das jeweilige Pferd abgestimmt sein, damit es sich physisch und psychisch wohl fühlt. Es würde den Rahmen dieses Buches sprengen, detaillierter auf die richtige Fütterung einzugehen. Ich empfehle aber jedem Reiter und Pferdehalter, sich mit Hilfe der entsprechenden Fachliteratur ausführlich über dieses Thema zu informieren.

Generell lehne ich es ab, Pferde aus der Hand oder außerhalb der Kraftfutterzeiten zusätzlich zu füttern. Es ist zu gefährlich für den Menschen, wenn ein Pferd beispielsweise versehentlich einem kleinen Kind einen Keks aus der Hand frisst, weil es nicht unterscheiden kann, für wen dieser Keks bestimmt ist. Es gibt auch Pferde, die in der Hoffnung auf Leckerlis mit den Vorderbeinen scharren. Manchmal geht diese schlechte Angewohnheit so weit, dass die Pferde zu scharren beginnen, sobald jemand den Stall betritt. Dieses ständige Scharren kann sogar zu Schäden an den Beinen führen.

Man kann Pferde mit zusätzlichem Futter wie z.B. Leckerlis sehr gut dressieren. Ich lege allerdings Wert darauf, dass die von mir gearbeiteten Pferde unterm Sattel und in ihrem ganzen Verhalten dem Menschen gegenüber Respekt zeigen – und zwar nicht nur mir, sondern auch anderen Reitern gegenüber. Das erreiche ich durch eine konsequente und für das Pferd nachvollziehbare, positive und motivierende Ausbildung – und nicht durch Leckerlis.

Der Bewegungsdrang

Pferde haben einen starken Bewegungsdrang, der ausgelebt werden muss. Wer sein Pferd Tag und Nacht im Stall hält und es nur zur Arbeit aus der Box holt, darf sich nicht wundern, wenn es erst mal laufen will. Das natürliche Bewegungsbedürfnis muss deshalb abgedeckt sein, *bevor* man versucht, mit einem Pferd zu arbeiten. Es gibt genug Möglichkeiten, Pferden Bewegung zu verschaffen – z.B. auf der Koppel, im Paddock, an einer Führanlage oder durch zusätzliches Spazierenreiten im Gelände. Neben der leistungsgerechten Fütterung ist auch die artgemäße Haltung mit ausreichender Bewegung eine Grundvoraussetzung für ein sinnvolles Training.

Herdentrieb und Fluchtverhalten

Vor allem bei der Ausbildung und beim Training von jungen Pferden darf man niemals den Herdendrang der Tiere aus den Augen verlieren. Sie können in Panik geraten, wenn sie von ihren Artgenossen getrennt werden – auch dann, wenn sie nur um die Ecke auf den Reitplatz gehen sollen. Wie viele Unfälle hätten vermieden werden können, wenn die Menschen darüber nachgedacht hätten! Es hat seine Gründe, wenn sich ein junges Pferd panisch losreißt, weil alle anderen Tiere vom Putzplatz weggebracht wurden und zuletzt gerade der Youngster alleine zurückblieb – um nur ein Beispiel zu nennen. Wir Menschen müssen das richtige Maß finden, um die Pferde an solche Situationen zu gewöhnen und ihnen gleichzeitig die Angst davor zu nehmen – dadurch, dass sie uns vertrauen. Dafür brauchen wir einen genauen Blick für die Situation, viel Einfühlungsvermögen und ein gutes Gefühl für richtiges Timing.

Es ist sehr wichtig, dass das Pferd den Menschen als Herdenführer akzeptiert, damit es in so genannten Notsituationen nicht panisch wird, sondern noch auf die Hilfen hört und reagiert – sich also vom Menschen leiten lässt, beziehungsweise Schutz sucht.

Leben in der Herde und in der Box

Auch wenn ich die Offenstallhaltung und den Herdenauslauf grundsätzlich sehr befürworte, halte ich es für nötig, dass Turnierpferde zeitweise nachts in Einzelboxen gebracht und von der Herde isoliert werden. So lernen sie, diese Situation als normal hinzunehmen, verlieren ihren Herdentrieb ein wenig und sind eher bereit, sich auf ihren Reiter einzulassen und zu konzentrieren. Denn dann holt er sie aus der langweiligen Box und verschafft ihnen Abwechslung, statt sie zur Arbeit aus ihrer Pferdefamilie zu holen. Dabei darf man es aber nicht übertreiben: Ich meine damit natürlich nicht, dass man ein Pferd ständig eingesperrt halten sollte, damit es dem Reiter womöglich dankbar ist, wenn er es aus seiner Box befreit! Jedes Pferd sollte daran gewöhnt sein, gelegentlich in der Box zu stehen. Das kann zum Beispiel auf Turnieren oder auf Grund von Verletzungen nötig sein.

Pferde sind Fluchttiere – das heißt, ihre erste Reaktion bei Gefahr ist im Normalfall die Flucht. Je ruhiger und ausgeglichener ein Pferd ist und je besser es erzogen wurde, desto leichter kann es seinen Fluchtinstinkt unterdrücken. Fühlt sich ein Pferd bei seinem Reiter bzw. Besitzer sicher und hat es Vertrauen zu ihm, so sieht es auch in scheinbar gefährlichen Situationen keinen Grund zur Flucht. Somit wird es zum ruhigen Partner des Menschen. Je älter ein Pferd ist, umso „abgehärteter“ ist es gegenüber potentiellen Fluchtauslösern – vorausgesetzt, es hat keine schlechten Erfahrungen gemacht. Ein solches Pferd hat gelernt, abzuwarten, wie sich der Reiter in der jeweiligen Situation verhält.

Wie schnell und lang anhaltend der Fluchtinstinkt ausgelöst wird, hängt auch von der Rasse des Pferdes ab. So ist ein Araber, der ursprünglich aus der Wüste stammte, viel schneller und eher auf dem Sprung als ein schweres Kaltblut oder ein Waldpony, für die eine allzu rasche Flucht in sumpfigem Gelände auch den Tod bedeuten könnte.

Besonders dominante Tiere – überwiegend Hengste oder Pferde, die sehr schlechte Erfahrungen mit Menschen gemacht haben – können in bedrohlichen Situationen auch zum Angriff übergehen, statt zu flüchten. Sie stürzen sich mit flach angelegten Ohren und gebleckten Zähnen auf den vermeintlichen Feind oder drehen ihm blitzschnell die Hinterhand zu und keilen mit einem oder beiden Hinterbeinen aus. Hengste schlagen auch gerne mit den Vorderbeinen. Einem solchen Angriff, mit dem das Pferd die

Augen-Blicke: Voraussetzung für den richtigen Einsatz der Körpersprache ist es, dass man den Ausdruck seines Pferdes richtig deuten und darauf reagieren kann.

Gefahr abzuwehren versucht, gehen viele kleine Signale voraus. Das Pferd legt z.B. die Ohren zurück, hebt drohend ein Hinterbein und/oder quietscht. Wenn man auf diese Anzeichen achtet und rechtzeitig richtig reagiert, können Unfälle von vornherein vermieden werden.

Körpersprache und Stimme

Die Körpersprache ist das wichtigste Kommunikationsmittel zwischen Mensch und Pferd. Nun können wir durch Beobachtung zwar herausfinden, was die Pferde uns mitteilen wollen. Doch wie setzen wir unsere eigenen Bewegungen in „Pferdisch" um? Wir können ja unsere Ohren nicht anlegen ...

Eine wichtige Aufgabe bei der Verständigung übernehmen die Arme und Hände. Mit ihnen können wir viel mehr unterschiedliche Signale geben als das Pferd mit seinen Vorderbeinen, und wir können unsere Arme und Hände sehr schnell bewegen. Auch unsere Augen spielen bei der Kommunikation mit Pferden eine große Rolle. Je nachdem, wo bzw. wie wir ein Pferd ansehen – natürlich immer in Verbindung mit unseren sonstigen Bewegungen –, wird es auf unsere Blicke reagieren.

Damit die Pferde unsere Körpersprache verstehen können, müssen wir mit unserem gesamten Körper eindeutige Signale geben. Wenn wir uns groß machen, die Brust herausstrecken, unseren Schritt festigen und verlängern, nehmen wir Raum ein und üben damit Druck auf das Pferd aus. Ebenso können wir auch Raum schaffen, also Druck vom Pferd nehmen, indem wir uns klein machen und zurückweichen.

Pferde nehmen schon minimalste körperliche Verspannungen beim Menschen wahr. Sie können bereits an unserem Gang unsere Stimmung erkennen – und reagieren dementsprechend. Diese Fähigkeit haben wir Menschen theoretisch ebenfalls: Unbewusst nehmen wir solche Körpersignale sicherlich auch wahr. Doch im Gegensatz zu den Pferden verlassen wir uns dann allzu oft auf das gesprochene Wort, um uns ein Urteil zu bilden – und wie oft ist es ein Fehlurteil!

Pferde setzen jede unserer Bewegungen in Informationen um. Daher ist es wichtig, sich seiner Körpersprache immer bewusst zu sein, um sie gezielt einsetzen zu können und Missverständnissen vorzubeugen. Das gilt sowohl für den Umgang mit Pferden als auch für die Bodenarbeit und fürs Reiten.

Mit der Stimme kann man ein Pferd einschüchtern, motivieren, ermutigen und auch beruhigen. Wie heißt es doch so schön: „Der Ton macht die Musik." Ich liebe es sehr, mit den Pferden über die Stimme zu kommunizieren, einfache Signale wie „Whoa" oder Schnalzen zu benutzen, um mich verständlich zu machen – sowohl vom Boden aus als auch später im Sattel. Die Stimme ist ein besonders gutes Kommunikationsmittel für Kinder und ängstliche Reiter. Selbst wenn der Tonfall ängstlich zittrig sein sollte, erkennt das Pferd ein vertrautes Wort und kann so mehr Gewissheit darüber bekommen, was von ihm verlangt wird. Wie bereits erwähnt, halte ich es für sinnvoll, ein einheitliches Vokabular zu entwickeln (siehe Seite 8).

Der Spieltrieb

Ich bin immer wieder begeistert vom Spieltrieb und von der Neugierde der Pferde. Diese Verhaltensweisen kann man bereits beobachten, wenn man nur einen Plastik-Pferdeball in den Auslauf wirft. Viele Tiere beschäftigen sich sofort mit diesem Spielzeug, während der Ball andere Pferde nicht gleich interessiert. Aber das ist ja gerade das Spannende an den Pferden: dass sie so verschiedene Persönlichkeiten sind.

Die Freude am Spielen kann man z.B. auch beim Fußballspielen hoch zu Ross beobachten – oder beim Cutting, einer Disziplin, die den Spieltrieb des Pferdes, die Lust am Verfolgen, Jagen und Wegabschneiden besonders anspricht (siehe Seite 146). Manche Cutting-Cracks sind kaum zu halten, wenn sie merken, dass sie gleich an den Rindern arbeiten dürfen.

Manche Pferde zupfen auch von sich aus an großen Plastikplanen herum und spielen damit. All diese Eigenschaften kann man wunderbar in die Arbeit mit dem Pferd integrieren – beispielsweise im Trailparcours. Ein Pferd, das neugierig auf Ungewohntes zugeht, wird erfahrungsgemäß auch viel Spaß an Trailaufgaben haben. Doch dazu mehr im Abschnitt über Motivation ab Seite 34.

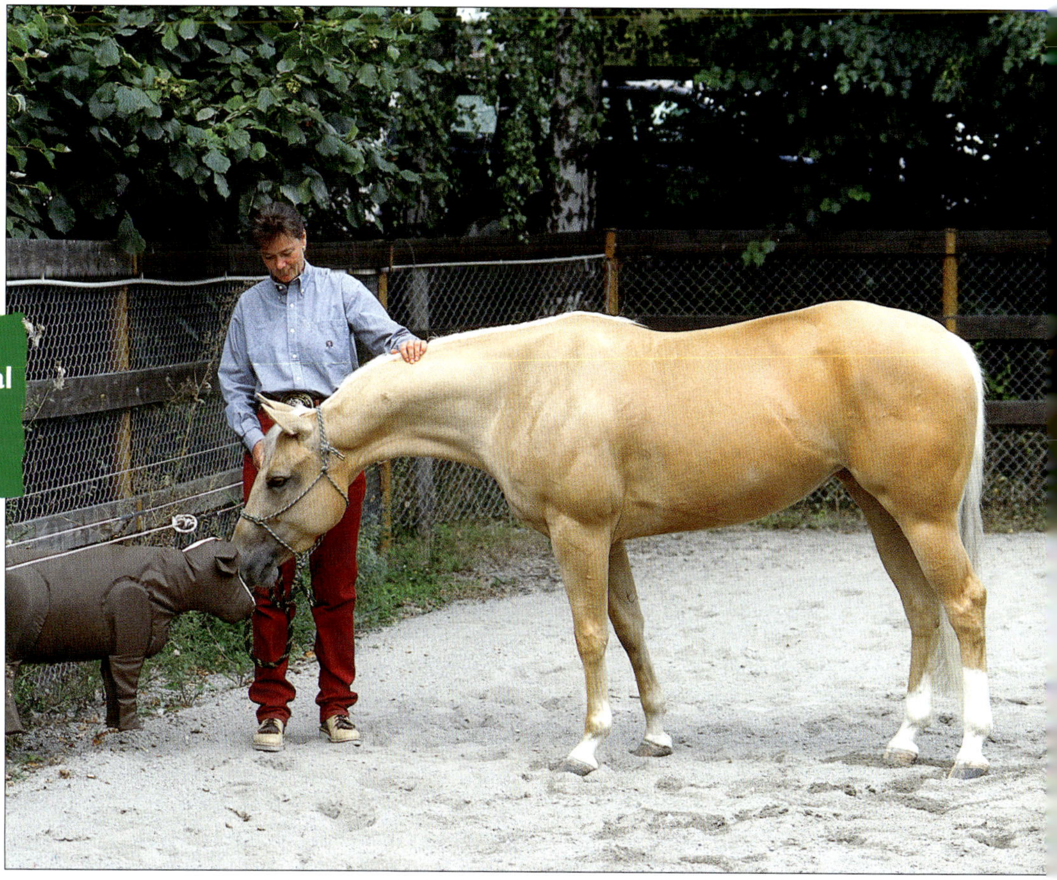

Vertrauenssache: Wenn ein Pferd vor etwas erschrickt, reagiert es erst einmal mit dem Fluchtreflex. Mit Hilfe seiner Vertrauensperson kann es seine Angst überwinden.

Wie Pferde lernen

Wie bereits erwähnt, sollte man bei der Ausbildung von Pferden alle Instinkte mit einbeziehen – vom Flucht- und Fressinstinkt bis hin zum Spieltrieb. Denn durch positive Motivation lernen Pferde viel schneller und lang anhaltender als durch die leider immer noch viel zu häufig angewandte Erziehung über Bestrafung und Einschüchterung.

Pferde lernen, indem sie immer wieder Situationen erleben, in denen der Druck nachlässt. Dabei darf der Druck nicht zu stark sein – nur eben so intensiv, dass er eine Reaktion hervorruft. *Das Aha-Erlebnis wird nicht durch den Druck ausgelöst – egal, ob nun durch Schenkel, Zügel oder Sporen –, sondern durch das Aufhören desselben.* Deshalb ist es so wichtig, im richtigen Moment sekundenschnell zu reagieren. Ich stelle mir diesen Lernprozess oft wie einen langen, dichten Zaun vor, durch den das Pferd hindurch möchte. Ich biete dem Tier ein winziges Schlupfloch an, durch das es auf die andere Seite des Zauns gelangen kann – nämlich genau in dem Moment, in dem es beginnt, das auszuführen, was ich von ihm möchte. Dieses Prinzip gilt für alle Bereiche – sei es, dass das Pferd mit der Hinterhand herumtreten soll, dass es in den Hänger gehen oder irgendeine andere Bewegung ausführen soll. In dem Augenblick, in dem es Ansätze zeigt, meiner Aufforderung zu folgen – und das ist bereits der Moment, in dem das Pferd sein Gewicht verlagert, was immer einer Bewegung vorausgeht –, öffne ich das Zaunloch: Mein Druck lässt sofort nach, und das Pferd hat seine Ruhe. Wer das einmal verinnerlicht hat, für den revolutioniert sich die Pferdeausbildung.

Da die Pferde bereits in der Herde durch das Erzeugen und Nachlassen von Druck erzogen werden, ist diese Art des Lernens für sie am verständlichsten und vertrautesten. Wenn wir Druck ausüben, müssen wir aber sehr differenziert und fein vorgehen, ganz genau auf jede Regung des Pferdes achten und den Druck rechtzeitig wieder lösen. Nur dann kann das Pferd uns verstehen und von uns lernen.

Vielen Pferden muss man erst zeigen, dass sie überhaupt in der Lage sind, zu lernen. Sie haben diese Erfahrung nie bewusst gemacht und wissen daher noch nichts von ihrer Lernfähigkeit. Diesen Tieren fehlt es oft an Selbstvertrauen. Bei ihnen muss man besonders behutsam vorgehen und die verschiedenen Instinkte einbeziehen. Denn solche Pferde reagieren oft bereits auf den leichtesten Druck mit panischen Fluchtreaktionen. Sie müssen erst lernen, dass sie vertrauen können und dass der Druck nie unerträglich stark wird.

Auf der anderen Seite gibt es die so genannten Problempferde, die gelernt haben, sich zu widersetzen und gegen den Reiter zu arbeiten. Solche Pferde gehören unbedingt in die Hände eines erfahrenen Ausbilders, der genau weiß, wie stark der Druck im Einzelfall sein muss und wann er wieder nachlassen kann.

Helfen zu verstehen

Die Reiterhilfen dienen der Kommunikation mit dem Pferd. Sie sollen dem Tier klarmachen, was wir von ihm wollen. Wir müssen uns dessen bewusst sein, dass die Zügel-, Schenkel-, Gewichts- und Stimmhilfen für die Pferde eigentlich fremd sind. Es gehört also bereits zur „Dressur", ihnen die Bedeutung dieser Hilfen verständlich zu machen. So ist es für das Pferd vom Prinzip her kein großer Unterschied, ob es das Nachgeben eines Zügels versteht oder den Hilfen für einen Spin folgt. Natürlich muss der Reiter für letztere Lektion mehr können und sehr klare Hilfen geben. Aber für das Pferd ist die Hilfengebung für den Spin eine Vokabel wie die Aufforderung zum Abwenden oder zum Rückwärtstreten. Umso wichtiger ist es, wie wir den Pferden diese Hilfen-Sprache verständlich machen.

Das Reiten besteht – sehr vereinfacht ausgedrückt – aus nichts anderem als einer Kombination dieser verschiedenen Hilfen bzw. Vokabeln. Deshalb ist es so wichtig, die Hilfen deutlich zu geben, damit das Pferd nicht verunsichert wird. Man sollte sich bei der Ausbildung immer wieder vergewissern, dass die einzelnen Schritte wirklich sitzen. Die Minimierung der Hilfen findet dann später statt, wenn das Pferd eindeutig verstanden hat, was von ihm verlangt wird. Zu Anfang müssen die Hilfen vor allem konsequent und deutlich sein – aber keinesfalls grob.

Das Timing ist entscheidend für das richtige Lernen. Zu den größten Fehlern gehört es, die Hilfen in einem Moment zu geben, in dem das Pferd gar nicht wunschgemäß reagieren kann, oder den Druck zu lang und zu stark aufrechtzuerhalten. Die Hilfen sollen in der Ausbildung zwar überdeutlich gegeben werden – aber das bedeutet nicht, dass sie stark und lang andauernd sein sollen. Am wichtigsten ist es, dass sie *eindeutig, präzise* und *zum richtigen Zeitpunkt* gegeben werden, damit das Pferd sie verstehen und umsetzen kann.

Es ist wunderbar zu beobachten, wie die Pferde herauszufinden versuchen, was wir von ihnen wollen – auch wenn es auf den ersten Blick oft gar nicht so aussieht. Der Reiter muss erkennen können, was vor sich geht, um gerecht und richtig zu handeln und die Weichen für eine fei-

Beinsalat: Für das Pferd ist es manchmal gar nicht so einfach, seine Beine zu sortieren. Der Reiter kann ihm dabei durch gezielte Übungen helfen.

ne Kommunikation zu stellen. Ein Beispiel: Wenn ich am Strick ziehe und das Pferd noch nicht weiß, dass es mir auf diesen Impuls hin folgen soll, wird es erst einmal versuchen, nach hinten wegzukommen und dem Druck zu entfliehen. Es wird also genau das Gegenteil dessen tun, was ich eigentlich erreichen möchte. Nun ist es sehr wichtig, dass ich den Druck – in diesem Fall den Zug am Strick – aufrechterhalte. Würde ich stattdessen ziehen, nachgeben und wieder ziehen, so würde ich dem Pferd immer wieder Mini-Zaunlöcher bieten, und es könnte nicht lernen, mich zu verstehen.

Mein Druck bleibt also bestehen, auch wenn das Pferd vielleicht versucht, seitwärts auszubrechen. Auf gar keinen Fall lasse ich nach, solange das Pferd in Bewegung ist und herumprobiert. Erst wenn es starr stehen bleibt und sich nicht mehr regt, hat es aufgehört, etwas herausfinden und lernen zu wollen. Sobald das Pferd beginnt, sein Gewicht so zu verlagern, dass darauf eine Vorwärtsbewegung folgen wird, belohne ich es sofort durch Nachgeben: Ich lasse den Strick schlagartig locker, als hätte ich mich daran verbrannt.

Sicherlich braucht man einige Erfahrung, um zu erkennen, wann das Pferd eine Hilfe im Kopf verstanden hat. Daran kann und sollte man als Reiter ein Leben lang arbeiten. Denn das Begreifen ist das Entscheidende. Der Weg vom Kopf zu den Beinen ergibt sich dann fast automatisch. Je schneller der Druck aufhört, desto eher hat das Pferd die Chance, sein Schlupfloch aus einer unangenehmen Drucksituation heraus zu erkennen und zu begreifen.

In dem Moment, in dem das Pferd durch das Wegnehmen des Drucks verstanden hat, was der Mensch von ihm will, entspannt es sich. Das bis dahin angespannte Pferd lässt den Kopf sinken, entlastet ein Hinterbein und/oder macht mit dem Maul Kaubewegungen. All diese Gesten der Entspannung signalisieren dem Menschen, dass das Pferd begriffen hat und keinerlei Angriffs- oder Fluchtgedanken mehr hegt.

Am schönsten ist es natürlich, wenn das Pferd vorher gar keine allzu große Spannung dem Menschen gegenüber aufbauen musste. Aber gerade junge Tiere, die noch nicht genau wissen, was der Mensch von ihnen möchte, zeigen erst einmal die bereits erwähnten angeborenen Verhaltensmuster.

Die Klarheit und Eindeutigkeit der Hilfengebung muss vom Pferd genauso intensiv erlernt werden wie vom Reiter. Erfüllen beide diese Voraussetzung, so wird ein Betrachter von einem harmonischen Paar sprechen.

Konzentration und Motivation

Beim Umgang mit Pferden, besonders beim Longieren, müssen wir uns immer wieder davon überzeugen, dass die Tiere mit ihrer Aufmerksamkeit bei uns sind. Es hat wenig Sinn, mit Handbewegungen eine Richtung anzuzeigen, wenn das Pferd gerade woanders hinschaut. Erst wenn das Pferd uns seine Konzentration signalisiert, indem es uns ansieht und sein Ohr in unsere Richtung wendet, geben wir unsere Hilfe bzw. fordern das Pferd auf, etwas zu tun.

Auch beim Reiten ist die Konzentration enorm wichtig. Viele Reiter überfordern ihre Pferde an diesem Punkt. Gerade wenn beim Training alles gut läuft, wollen sie immer weitermachen und die gute Stimmung ausnutzen. Doch die Konzentration der Pferde lässt sehr schnell nach – ähnlich wie bei Kindern in der Schule. Nur wenn sie das Gefühl haben, etwas gut und richtig zu machen, lernen sie gerne und machen bereitwillig mit. Deshalb sollte man lieber aufhören, wenn man einen Schritt weitergekommen ist – auch wenn man vielleicht erst wenige Minuten gearbeitet hat und sich ein längeres Training vorgenommen hatte. Man muss sich immer dessen bewusst sein, dass Pferde nur Schritt für Schritt lernen können.

Learning by doing: Geben Sie Ihrem Pferd Zeit und Raum, seine eigenen Erfahrungen mit Furcht erregenden Gegenständen zu machen!

Es ist sehr wichtig, jede Trainingseinheit mit einem positiven Erlebnis abzuschließen. Auf keinen Fall sollte man mitten in einer Lernphase abbrechen oder womöglich in einer Situation, in der das Pferd sich verspannt, den Menschen also nicht verstanden hat. Wenn sich das Pferd beispielsweise weigert, über eine Wippe zu gehen, dann ist vielleicht der Zeitpunkt falsch, und das Pferd ist noch nicht so weit. In solchen Fällen hilft es meistens, einen Ausbildungsschritt zurückzugehen. In unserem Beispiel hieße das, nochmals an einer feststehenden Brücke zu üben, bis sich das Pferd dort ganz sicher fühlt. Nun kann man mit einem positiven Abschlusserlebnis aufhören. Wenn man das Training mit einer nicht verstandenen Übung beendet, demotiviert man das Pferd. Stattdessen sollte man einen bes-

DEUTZ
RT
TC 58

seren Weg zum Erklären suchen, und der kann eben z.B. darin bestehen, dass man einfachere Übungen wählt und/oder sie anders kombiniert.

In der Vorbereitung liegt der Schlüssel zum Erfolg. Nur wenn das Pferd gut auf eine Situation vorbereitet wurde, kann es die jeweilige Übung auch zufriedenstellend ausführen.

Wird das Training beendet, ohne dass das Pferd verstanden hat, so muss man das Tier am nächsten Tag noch mehr motivieren. Daher ist es nicht ratsam, aufzuhören, wenn das Pferd gerade demotiviert ist.

Wie lange sich ein Pferd konzentrieren kann, ist individuell sehr unterschiedlich. Nachlassende Konzentration erkennt man daran, dass die Leichtigkeit abnimmt. Das Pferd reagiert zögerlicher oder wird sogar unwillig. Man sollte das Training dann sofort beenden, und zwar mit einer kurzen Übung, von der man weiß, dass das Pferd sie beherrscht. So sorgt man dafür, dass das Tier zum Abschluss noch ein positives Erlebnis hat. Nach Möglichkeit sollte man es allerdings gar nicht erst so weit kommen lassen, dass die Konzentration des Pferdes nachlässt.

Die meisten Pferde werden nicht physisch überfordert, sondern psychisch. Das beste Beispiel ist das Hängerfahren: Pferde, die Angst davor haben, steigen klatschnass und verkrampft aus dem Hänger, obwohl sie sich kaum bewegt haben. Wenn sie nun gleich gearbeitet werden sollen, werden sie sich möglicherweise gegen den Sattel und wahrscheinlich auch gegen den Reiter wehren, weil sie eventuell Muskelschmerzen haben – ausgelöst durch fehlendes oder zerstörtes Vertrauen und den damit verbundenen psychischem Stress.

Ein weiteres, leider immer wieder gesehenes Beispiel sind Pferde, die bereits beim Auflegen des Sattels enorm unter Druck geraten. Das können wir verhindern, indem wir den Pferden den Raum geben, eigene Erfahrungen zu machen und herauszufinden, was ihnen gut tut. Ein Beispiel: Wir erzeugen eine bestimmte Situation, die für uns Menschen beim Umgang mit dem Pferd wichtig ist, wie etwa das Satteln eines jungen Pferdes. Nun geben wir dem Pferd in einem eingezäunten Reitplatz den Raum und die Zeit, eigene Erfahrungen mit dem ungewohnten Gegenstand zu machen. Dabei lernt es, dass der Sattel kein Raubtier ist. Einige Pferde verstehen das beim ersten Mal, andere brauchen etwas länger.

Psyche und Körper

Ein Pferd, das psychisch nicht losgelassen ist, wird man auch körperlich nicht lösen können. Der psychische Stress wird von vielen Reitern unterschätzt. Oft entsteht dieser Stress, wenn das Pferd spürt, dass der Reiter nie zufrieden ist, dass er ungeduldig wird, wenn etwas nicht klappt. Denn die meisten Tiere wollen es ihrem Menschen durchaus recht machen – sofern er die Position des Leittieres innehat. Es ist sehr wichtig, dass der Reiter bereits den kleinsten Versuch des Pferdes, es richtig zu machen, erkennt und durch eine Pause belohnt.

Bestrafung

Ich lehne es ab, Menschen zu unterrichten, die ihr Pferd nur als Sportgerät betrachten und es als solches benutzen oder die dem Tier gegenüber wissentlich unfair sind. Denn meiner Meinung nach fehlt dann das Wichtigste, was einen guten Reiter auszeichnet: das Verständnis für das „Wie“ und das „Warum“ – dafür, dass und weshalb ein Pferd etwas so und nicht anders macht. Ein Pferd kann z.B. viele Gründe dafür haben, nicht ruhig zu stehen. Manchmal liegt es nur daran, dass nebenan gerade gefüttert wird. Ich empfinde es als unfair, das Tier dann zu bestrafen und bedingungslosen Gehorsam zu verlangen. Das Pferd muss Zeit haben zu lernen!

Es ist etwas ganz anderes, wenn ein Pferd zur „Grenzabsteckung“ immer wieder hin und her zappelt. Erst wenn man äußere Umstände ausschließen kann und überprüft hat, ob man sich dem Pferd gegenüber auch wirklich verständlich ausgedrückt hat, hat man das Recht, reglementierende Maßnahmen zu ergreifen. Besser ist es allerdings, das Tier aus so einer unruhigen Situation herauszunehmen und es mit einem positiven Erlebnis zu belohnen, statt es in einer Lage verharren zu lassen, in der man irgendwann nur noch strafen könnte.

So kann ich dem Pferd das Zappeln beispielsweise unangenehm machen, indem ich es schnell rückwärtsrichte und ihm dann das Stillstehen anbiete. Bald wird es herausfinden, dass es angenehmer ist, still zu stehen. Natürlich sind nicht alle Pferde gleich, und es kann etwas dauern, bis sie darauf kommen, dass das Stillstehen für sie die bequemere Lösung ist. Aber dann haben sie mich wirklich verstanden und tun von sich aus, was ich mir von ihnen wünsche.

Als guter Horseman muss man wissen, dass das Fressen neben der Bewegung zu den wichtigsten Bedürfnissen der Pferde gehört. Wenn eines dieser Grundbedürfnisse gestört oder angesprochen wird, reagieren die Pferde darauf. Deshalb müssen sie z.B. erst lernen, ruhig zu stehen, während nebenan gefüttert wird. Wir können die Pferde schulen, indem wir ihnen das Richtige einfach und das Falsche schwer machen.

Ein anderes Beispiel: Ein junges Pferd, das einen Tag lang ohne Auslauf in der Box gestanden hat, will natürlich erst einmal seinen Bewegungsdrang ausleben, wenn der Reiter gleich aufsteigt. Wer hat jetzt Schuld? Solche Situationen entstehen nur, weil dem Menschen das Wissen um die Bedürfnisse des Pferdes fehlt. Zwischenfälle dieser Art können gesundheitsschädlich für Mensch und Tier sein, und sie hinterlassen in der Psyche von beiden Schatten, die irgendwann wieder auftauchen und uns zu schaffen machen. Daher muss das Pferd in einem solchen Fall zuerst die Möglichkeit bekommen, seinen natürlichen Bewegungsdrang auszuleben (siehe Seite 29).

Wenn etwas schief läuft, haben wir uns als Reiter und Pferdehalter immer zu fragen: Was läuft hier verkehrt? Das gilt nicht nur für den Umgang mit Pferden, sondern genauso fürs Reiten. Immer wieder die Frage: Warum ist was passiert? Weshalb galoppiert mein Pferd so oft falsch an? Oder wieso schnappt es ständig nach mir? Warum zieht es beim Auskratzen immer den Huf zurück? Tut es das aus Unsicherheit, Schmerz, Aggression oder Unwissenheit? Sollte das der Fall sein, können wir es doch nicht bestrafen. Angst, Schmerz und Unwissenheit lassen sich nicht durch Strafe abbauen! Stattdessen müssen wir die Ursache für das Fehlverhalten erkennen und beseitigen.

Und damit sind wir wieder bei Horsemanship.

Wir Menschen können gerade bei der Bodenarbeit viele Signale der Pferdekörpersprache verwenden, um unsere Pferde zu erziehen. Statt zurückzuschlagen, wenn sich eine Machtkeilerei anbahnt – denn das ist nicht der richtige Weg –, bringe ich den Pferden lieber bei, mit ihrer Hüfte und Hinterhand zu weichen, damit es erst gar nicht zum Tritt kommt. Das ist ein probates und gutes Mittel, um meine Stärke zu demonstrieren: Ich sage, wo es langgeht. Genauso verhält sich auch der Herdenchef oder die Herdenchefin gegenüber den Untergeordneten. Er/sie hat die Befehlsgewalt über den Raum, die anderen haben zu weichen.

Ein weiteres Mittel, meine Stärke zu demonstrieren, ist das Rückwärtstreten: Man verlangt einem Pferd ein hohes Maß an Unterwürfigkeit ab, wenn man es dazu zwingt, sich rückwärts vom Menschen fortzubewegen. Damit bringe ich es in eine unsichere und sehr unangenehme Situation, die ihm klarmacht, wer hier das Sagen hat, und es viel schneller auf den Boden der Vernunft bringt als irgendein Schlagabtausch.

Natürlich ist es manchmal auch notwendig, einem Pferd auch mal einen Klaps zu geben oder es durch einen Schlag zu bestrafen. In solchen Fällen hat der Mensch allerdings vorherige Anzeichen übersehen und etwas falsch gemacht: Seine Reaktion kommt zu spät. Wenn man schon zu diesem Mittel greifen muss, dann sollte man die Situation so gestalten, dass das Pferd den Eindruck bekommt, sich den Schmerz selbst zugefügt zu haben. Weiß ich beispielsweise, dass ein Pferd zum Beißen neigt, so achte ich besonders auf die ersten Anzeichen. Wenn es dann zuschnappen will, kommt ihm mein Arm entgegen, und das Pferd schlägt sich sein Kinn an meinem Arm an. So hat sich das Pferd selbst wehgetan, bevor es zubeißen konnte. Dabei bekommt es keine Angst vor mir, sondern versteht, dass es unangenehm ist, sich mir gegenüber schlecht zu benehmen.

Ein weiteres Beispiel: Wenn ein junges Pferd in der Bahn nach anderen tritt, kann man die Situation nicht so gestalten, dass es sich am schlagenden Bein selbst Schmerzen zufügt. Daher sollte der Reiter in dem Moment, in dem es treten möchte, seinen Schenkel kurz, aber sehr spürbar einsetzen und dazu eine klare Anweisung geben – z.B. „Schluss damit!" Kurz und knapp bekommt das Pferd ein unmissverständliches Signal, und es versteht: Das mache ich lieber nicht noch mal. Auf keinen Fall sollte man jähzornig drauflosschlagen oder herumschreien. Das ist nur ungerecht und erleichtert vielleicht manche Menschen in ihren Wutgefühlen – zerstört aber das Vertrauen des Pferdes und verunsichert es sehr.

Noch besser ist es natürlich, vorher zu erkennen, dass sich eine solche Situation anbahnt, und sie zu vermeiden. Doch wer kann schon immer vorbeugen ...

Vor

dem Training

Die Vorbereitung des Pferdes wird oft nicht ernst genug genommen – aber genau wie beim Reiten kommunizieren wir auch beim Putzen, Zäumen und Satteln mit unserem Vierbeiner. Wer sein Pferd schnell aus der Box zerrt, kurz drüberbürstet und dann den Sattel auf den Pferderücken wirft, darf sich nicht wundern, wenn der Vierbeiner von Anfang an frustriert, lustlos oder gereizt ist …

Das Anbinden

Sicher ist sicher ...

Schon beim Anbinden eines Pferdes werden viele Fehler gemacht. Beim sicheren Anbinden kommt es auf die Erziehung des Pferdes und auf die richtige Technik an. Ich benutze keine Panikhaken, denn ich möchte ganz sichergehen, dass sich das Pferd nicht selbst befreien kann. Um das Tier in Ausnahmesituationen schnell losmachen zu können, sollte man einen Sicherheitsknoten verwenden, den man mit einem Zug am herabhängenden Strickende auch noch bei Spannung lösen kann – den das Pferd aber auf keinen Fall aufbekommt. Dazu führt man den Strick einmal um den Anbindebalken herum bzw. durch den Anbindering. Nun bildet man mit dem losen Strickende eine Schlinge. Durch diese Schlinge wird von hinten eine weitere Schlinge gezogen, durch die man wiederum eine Schlinge fädelt. So wird immer eine Schlinge durch die vorhergehende geschlauft, bis man am Strickende angelangt ist, das man nun durch die letzte Schlinge führt. Diesen Knoten kann das Pferd nicht lösen, und er zieht sich auch nicht fest. Der Mensch kann ihn aber blitzschnell öffnen, indem er das Ende des Stricks aus der letzten Schlinge fädelt und am Strick zieht. Dadurch lösen sich die restlichen Schlingen.

Zum Anbinden darf man niemals Knotenhalfter oder Halfter aus dünnen Schnüren benutzen. Denn sie können tief ins Fleisch einschneiden, wenn das Pferd in Panik gerät und das Material nicht reißt. Stattdessen verwende ich Halfter aus breiten Leder- oder Nylonriemen.

Die Anbindemöglichkeit muss stabil sein, und das Pferd darf sie auch durch einen kräftigen Zug nach hinten auf keinen Fall bewegen oder gar herausreißen können. Man sollte niemals die Kraft unterschätzen, die ein Pferd in einer Paniksituation aufbringen kann. Da kann ein herkömmlicher Holzpfosten wie ein Streichholz zerbrechen!

Ich binde meine Pferde immer in Widerristhöhe an. So können sie nicht mit den Beinen in das Seil treten und sich verletzen. Natürlich dürfen die Pferde nicht so weit oben angebunden werden, dass sie den Rücken durchdrücken müssen. Außerdem ist es mir wichtig, dass die Tiere kurz genug angebunden werden – etwa mit einer Stricklänge von 40 bis maximal 100 Zentimetern. Wie kurz bzw. lang ich ein Pferd anbinde, hängt auch von seinem Alter und von der Anbindegelegenheit ab.

Im Normalfall sollten die Pferde angebunden ruhig stehen und nicht herumzappeln, mit den Beinen scharren oder sich gar nach hinten werfen.

Angenehm: Vor dem Anlegen des Halfters öffne ich den Genickriemen, sodass die Ohren des Pferdes nicht geknickt werden.

Anbinde-Training

Ein junges Pferd muss natürlich erst einmal lernen, angebunden stehen zu bleiben. Zu Beginn des Anbinde-Trainings stellt man es am besten neben ein erfahrenes Pferd. Anfangs schlägt man das Anbindeseil nur einmal um den Pfahl bzw. führt es einmal durch den Anbindering und hält das andere Ende zur Sicherheit in der Hand. Sollte das Tier zurückschrecken, kann man sofort mit sanftem Annehmen und Nachgeben reagieren.

Es ist wichtig, das Pferd in dem Moment, in dem es ruhig steht, zu loben. Dadurch begreift es, wie es sich verhalten soll. Erst dann kann man sich kurzzeitig mit dem älteren Pferd entfernen – wobei unbedingt eine Person bei dem jungen Tier bleiben muss

– und gleich darauf wieder zurückkehren. So bringt man dem Jungpferd in kleinen Schritten bei, dass es keinen Grund zur Panik gibt, wenn es ohne seinen Kollegen angebunden dasteht.

Bevor man ein Pferd anbindet, muss es bereits beim Führen an der Hand gelernt haben, dem Druck des Strickes nachzugeben (siehe Seite 53). Wie lange es braucht, um das zu begreifen, hängt von seinem Charakter und seinen bisherigen Erfahrungen ab. Je früher und konsequenter man mit diesem Ausbildungsabschnitt beginnt, desto selbstverständlicher wird das Anbinden später sein.

Jedes Pferd sollte gelernt haben, angebunden ruhig stehen zu bleiben, auch wenn niemand in der Nähe ist. Gerade wenn man viel alleine mit einem Pferd umgeht, gibt es immer wieder Situationen, in denen es unbeaufsichtigt bleiben muss.

Wer die Möglichkeit hat, kann sein Pferd natürlich auch rechts und links anbinden – wie es z.B. in Stallgassen oft gehandhabt wird. Aber auch an diese Anbindeart muss man das Tier erst gewöhnen, weil es sonst in Panik geraten kann. Wenn es zurückweicht, können die Hinterbeine unter das Pferd rutschen, und es kann stürzen.

Wir Menschen haben die Verantwortung, uns davon zu überzeugen, dass die Anbindemöglichkeit fest genug ist und dass von ihr keine Verletzungsgefahr ausgeht. Außerdem müssen wir dafür sorgen, dass die Umgebung dem Pferd genügend Ruhe und Sicherheit bietet, sodass erst gar keine Paniksituationen entstehen.

Sicher ist sicher: Ich binde meine Pferde mit einem Sicherheitsknoten ungefähr in Widerristhöhe an.

Das Putzen

Das Putzen dient nicht nur der Säuberung des Pferdes, sondern hat auch soziale Aspekte. Unter Pferden betreiben nur Freunde gegenseitige Fellpflege. Also ist es für das Pferd eine positive Erfahrung, wenn wir sein Fell pflegen.

Natürlich muss man darauf achten, dass das Putzen dem Pferd auch wirklich angenehm ist. Die Bürsten und Striegel dürfen nicht zu hart sein, und man muss auf eventuelle kitzelige Stellen Rücksicht nehmen. Besonders vorsichtig sollte man an den empfindlichen Beinen und am Kopf sein.

Daneben ist das Putzen des Fells aber auch für die Gesundheit des Pferdes wichtig. Durch die Massage der Haut wird die Durchblutung gefördert, was wiederum zum Wohlbefinden des Pferdes beiträgt.

Vor dem Reiten wird die Sattel- und Gurtlage gründlichst gesäubert, damit kein Satteldruck entstehen kann. Bei der täglichen Reinigung kann man das Pferd gleichzeitig auf eventuelle Verletzungen untersuchen.

Keine Berührungsängste

Es ist wichtig, dass sich das Pferd überall von uns anfassen lässt, ohne Probleme die Hufe hochnimmt und sie auch für eine Weile oben hält, sodass man sie säubern bzw. der Schmied sie ausschneiden und beschlagen kann. Der Tierarzt hat es bei der Behandlung ebenfalls viel leichter, wenn das Pferd ruhig steht und an die Berührungen gewöhnt ist.
Stuten sollten sich problemlos am Euter berühren lassen, Wallache und Hengste am Schlauch – denn auch diese Körperteile müssen gereinigt werden.
Wie sich ein Pferd im alltäglichen Umgang und beim Putzen verhält, zeigt meist recht deutlich, wie gut es erzogen ist.

Pferdefreundlich: Zum Auftrensen rege ich das Pferd mit dem Daumen an, sein Maul zu öffnen. Dann schiebe ich das Gebiss so ins Maul, dass es nicht gegen die empfindlichen Pferdezähne stößt.

Das Aufzäumen

Ich lege großen Wert darauf, dass das Pferd beim Aufzäumen den Kopf herunternimmt. Leider sieht man gerade bei Großpferden immer wieder Reiter, die hilflos am Pferdekopf hängen und versuchen, das Gebiss ins Maul zu schieben – mit zweifelhaftem Erfolg ...

Bei mir lernen die Pferde bereits bei der Bodenarbeit, dem Druck nachzugeben, wenn ich am Seil nach unten zupfe: Sie senken den Kopf. Diese vertraute Abwärtsbewegung kann man unterstützend abfragen, wenn man das Pferd die ersten Male auftrenst. Dafür muss das Tier unter dem Zaumzeug allerdings ein Halfter tragen. Dann kann es zum Auftrensen auch angebunden bleiben.

Pferdefreundlich zäumen

Ich übe das Auftrensen mit meinen Pferden so, wie ich bereits mit den Fohlen das Aufhalftern trainiere: Ich lege den rechten Arm in Kopfhöhe über den Hals des Pferdes. Beim Auftrensen liegt meine rechte Hand zwischen den Ohren auf der Stirn des Pferdes und hält locker das Kopfstück. Automatisch senkt das Pferd den Kopf. Mit der linken Hand halte ich das – im Winter vorgewärmte – Gebiss und animiere das Pferd mit Daumen und Zeigefinger, das Maul zu öffnen. Wenn es das Maul aufmacht, ziehe ich mit der rechten Hand (die auf der Stirn liegt und das Kopfstück hält) das Zaumzeug über die Ohren.

Auf keinen Fall darf man das Gebiss so lange gegen die Zähne drücken, bis das Pferd das Maul öffnet. Das tut ihm weh! Folglich wird es sich entziehen wollen, den Kopf hochreißen – und schon sind wir bei der eingangs beschriebenen Szene ...

Mein Tipp für empfindliche Pferde

Bei jungen Pferden oder solchen, die an den Ohren besonders empfindlich sind, schnalle ich das Kopfstück zum Auftrensen manchmal zwei Loch länger und passe es dann korrekt an, wenn es am Kopf sitzt.

Das richtige Abtrensen ist genauso wichtig wie das Aufzäumen. Viele Reiter reißen dem Pferd einfach das Kopfstück runter, schlagen dabei das Gebiss gegen die Zähne und tun dem Pferd sehr weh.

Auch zum Abtrensen lege ich eine Hand zwischen die Ohren des Pferdes und halte mit ihr das Kopfstück. Nun lasse ich das Gebiss langsam aus dem Maul gleiten, oder ich lasse es das Pferd herauskauen.

Das Satteln

Vor dem Satteln lege ich das Pad etwa fünf Zentimeter vor seiner endgültigen Position auf den Widerrist auf, damit ich es später mit Sattel noch ein Stück nach hinten ziehen kann. Dadurch kommen die Haare immer in der richtigen Richtung zu liegen und können nicht zu Satteldruck führen.

Rückenschonend: Ich fange das Gewicht des Sattels mit meinen Armen ab, sodass der Sattel sanft auf dem Pferderücken landet.

So kommt der Sattel aufs Pferd

Zum Satteln stellt man sich mit der linken Hüfte an die linke Schulter des Pferdes, sodass man in Richtung Schweif blickt. Den Sattel hält man mit der linken Hand unter dem Horn. Der Sattelbaum liegt auf dem Oberschenkel des Reiters, und die rechte Hand hält das Cantle (den Hinterzwiesel). Aus dieser Position heraus ist es möglich, den Sattel mit einem Hüftschwung und dem Oberschenkel ohne große Mühe auf den Pferderücken zu schwingen. Dabei haben die Arme die Aufgabe, das Gewicht abzufangen, kurz bevor der Sattel auf dem Pferderücken landet. Denn der Sattel sollte auf keinen Fall auf den Rücken plumpsen – sonst würde das Reiten für das Pferd bereits mit einem unangenehmen Erlebnis beginnen.

Sehr große Reiter sind manchmal in der Lage, den Sattel mit übergeschlagenen Steigbügeln und Gurten wie einen Englisch-Sattel aufzulegen. Die meisten Reiter sind dafür aber zu klein.

Der Sattel sollte nun mitten auf dem Pad liegen. Bevor man den Gurt anzieht, kammert man das Pad am Widerrist aus, damit es nicht drücken kann. Dazu wird es vorne bis zum Sattelbaum hochgezogen. Anschließend schiebt man Sattel und Pad etwa fünf

Zentimeter nach hinten in die korrekte Sattellage und rüttelt leicht am Sattelhorn, damit der Sattel in die richtige Position rutscht. Dabei sollte man darauf achten, immer in Richtung des Fellstrichs zu ziehen, damit keine Haare umknicken, die später drücken könnten.

Gurten – bitte mit Gefühl!

Nun zieht man erst den vorderen Gurt an, und zwar so fest, dass der Sattel nicht ins Rutschen kommen kann. Der Gurt darf aber nicht zu stramm geschlossen werden, damit das Pferd gar nicht erst Ansätze von Gurtzwang bekommt. Bei jungen Pferden ist es empfehlenswert, sie anfangs ein oder zwei Schritte machen zu lassen, bevor man den vorderen Gurt anzieht.

Dann erst ist der Hintergurt an der Reihe. Er sollte etwa zwei Zentimeter Luft zum Bauch haben, also auf gar keinen Fall eng anliegen, damit das Pferd beim Atmen nicht behindert wird. Zu locker darf der Hintergurt aber auch nicht sein, da sonst die Gefahr besteht, dass das Pferd hineintritt – z.B., wenn es nach Fliegen schlägt.

Vor dem Aufsitzen muss auf alle Fälle nochmals nachgegurtet werden – am besten, nachdem das Pferd einige Schritte gegangen ist und sich nicht mehr aufpumpt.

Aus lauter Rücksichtnahme lassen manche Reiter den Gurt beim Aufsatteln zu lose, sodass der Sattel unter den Bauch rutscht, wenn sich das Pferd z.B. schüttelt. Das sollte natürlich nicht vorkommen. Wenn es doch einmal passiert, muss man mit dem Satteln noch mal ganz von vorne beginnen. Auf keinen Fall darf man den Sattel dann einfach wieder nach oben schieben, weil sonst die Haare falsch liegen würden.

Trainieren – aber wo?

Trainieren kann man grundsätzlich überall dort, wo ein Pferd laufen kann. Doch für bestimmte Übungen – besonders wenn es auf die Taktreinheit ankommt – benötigt man einen gut gepfegten Platz oder einen wirklich ebenen Naturboden, damit sich Pferd und Reiter auf die Lektionen und Hilfen konzentrieren können und nicht auf Bodenunebenheiten, Steine und Löcher aufpassen müssen.

Reitplatz und Reithalle

Die Reitplatzbegrenzungen dienen Reiter und Pferd als optische Orientierungshilfen und erleichtern somit bestimmte Übungen wie etwa Seitengänge und Zirkel.

Reithallen bieten noch weitere Vorteile: Aufgrund der hohen Banden und Hallenmauern kann man weitgehend ohne Ablenkung reiten. Zudem ist man unabhängig von der Witterung, und bei einem gepflegten Hallenboden sollte man sich darauf verlassen können, in engen Kurven und Zirkeln nicht auszurutschen.

Bei Pferden, die fast ausschließlich in der Halle geritten werden, kann der Abschottungseffekt allerdings auch dazu führen, dass sie gar keine Umwelteinflüsse mehr gewohnt sind und folglich im Gelände übernervös auf jede unbekannte Situation reagieren. Deshalb sollten Hallenreiter zwischendurch immer wieder ausreiten – auch bei Wind und Wetter – um dem Pferd möglichst viele verschiedene Umweltreize zu bieten.

Arbeitsplatz: Der ebene Boden eines Reitplatzes ist ideal fürs Training.

Rutschgefahr: Bei trockenem Untergrund kann man auch auf der Koppel reiten. Wenn das Gras feucht ist, kommt das Pferd aber leicht ins Rutschen.

Training auf der Koppel ...

Wenn keine andere Möglichkeit besteht, kann man auch auf der Koppel reiten. Dabei sollte man aber berücksichtigen, dass die Weide eigentlich der Freizeitbereich des Pferdes ist. Es ist sicherlich nicht sinnvoll, dort zu reiten, während die anderen Pferde frei herumlaufen. Bei nasser Witterung muss man außerdem berücksichtigen, dass auf Gras besondere Rutschgefahr besteht.

... und im Gelände

Viele Übungen kann man auch im Gelände durchführen und dabei natürliche Gegebenheiten ins Training einbeziehen. Dabei sind der Fantasie keine Grenzen gesetzt: seien es Zäune, um davor Seitengänge zu üben, Bäume für Biege- und Zirkelübungen oder umgefallene Baumstämme für die Stangenarbeit. Man kann auch abgefallene Äste hinter sich herziehen oder Pfützen und kleine Gräben für Gehorsamkeitsübungen nutzen. Lektionen wie Rückwärtsrichten, Vor- und Hinterhandwendungen sind im Gelände ebenfalls problemlos durchführbar.

Eine hügelige Landschaft eignet sich besonders gut zur Gymnastizierung des Pferdes. Hier kann man die Geländestruktur nutzen, um beispielsweise einige Schritte vorwärts und rückwärts Berge hochzureiten.

Zumindest im Schritt kann man im Gelände viele sinnvolle Übungen ausführen.

Dadurch, dass man in der Natur ohne Begrenzung reitet, hat man eine sehr gute Kontrolle darüber, inwieweit das Pferd wirklich an den Hilfen steht – oder ob es vielleicht in der Bahn nur dem Hufschlag folgt.

Arbeit im Roundpen

Für die Freiarbeit und zum Longieren oder Anreiten von jungen Pferden ist ein Roundpen mit mindestens 17 Metern Durchmesser sehr nützlich. Wem kein Roundpen zur Verfügung steht, der kann sich aus Elektro-Zaunlitze und Plastikpfählen ganz leicht selbst einen stecken.

Vielseitigkeit statt Langeweile

Je mehr ein Pferd sieht, je vielfältiger die Anreize sind, die man ihm im Laufe seines Lebens bietet, desto ausgeglichener und ruhiger wird es. So kann man mit jungen Pferden an der Hand spazieren gehen und sie in der Bahn mit verschiedenen Materialien wie Flatterbändern, Folien und so weiter vertraut macht. Später sorgen Ausritte allein und mit verschiedenen Pferdekollegen für Abwechslung, wobei man in der Reitergruppe immer wieder wechselnde Positionen einnehmen sollte.

Wer die Möglichkeit hat, sollte das Pferd ab und an in den Hänger laden und mit ihm einen fremden Stall, unbekanntes Gelände oder Turniere besuchen. Denn selbst das schönste Ausreitgelände wird langweilig, wenn man immer dieselben Runden reitet. Je mehr Abwechslung und Herausforderungen man einem Pferd bietet, desto mehr fördert man seine Bereitschaft, Neues zu lernen.

Training vom Boden aus

Bei der Bodenarbeit fördern wir das Bewusstsein des Pferdes für seine Bewegungen. Wir helfen ihm, seine Koordinationsfähigkeit zu verfeinern, und wir verbessern die Kommunikation zwischen uns und dem Tier. Wer sein Pferd vom Boden aus nicht kennen lernt und kontrollieren kann, braucht sich gar nicht erst in den Sattel zu setzen und zu glauben, von oben ginge es besser. Wer hingegen vom Boden aus bereits Vertrauen aufgebaut hat und sich verständlich machen kann, der hat einen wichtigen Grundstein fürs Reiten gelegt: Kommunikation ist möglich ...

Die Ausrüstung für die Bodenarbeit

Es gibt unzählige Möglichkeiten, Pferde für die Bodenarbeit auszurüsten. Ich beschreibe hier jedoch nur die Arbeit ohne Roundpen und diejenigen Ausrüstungsgegenstände und Anwendungsmöglichkeiten, mit denen ich selbst arbeite.

Halfter und Strick

Häufig verwende ich für die Bodenarbeit ein normales Stallhalfter und einen langen Strick mit einem massiven, schweren Haken. Der Strick sollte so lang sein, dass ich das Ende für treibende Hilfen benutzen kann, ohne dabei evtl. im Gefahrenbereich des Pferdes zu stehen. Das heißt, dass er mindestens zwei, besser noch drei Meter lang sein sollte. Längere Stricke finde ich nicht empfehlenswert, weil sie in der Hand stören können.

Der Haken sollte möglichst schwer sein, damit sich die Bewegungen des Seils spürbar auf das Halfter und damit auf den Kopf des Pferdes übertragen. Es ist immer wieder spannend zu sehen, wie überrascht manche Pferde bei der Ausbildung vom Boden aus sind, wenn sie plötzlich feststellen, dass der Mensch – obwohl er zwei Meter entfernt steht – immer noch Einfluss hat. Denn jede Seilbewegung kommt über den Haken am Pferdekopf an.

Das Seil stellt also die Verlängerung meines Armes dar. Durch ein kurzes Annehmen des Seils oder durch einen wellenartigen Impuls vom Seilende, das in meiner Hand liegt, bis hin zum Kopf des Tieres kann ich immer wieder die Aufmerksamkeit des Pferdes erlangen und es so auf mich fixieren. Denn natürlich gilt auch für die Bodenarbeit: Nur wenn mein Pferd mir zuhört, kann es das umsetzen, was ich abfrage oder ihm erklären möchte.

Halfter und Führkette

Gelegentlich arbeite ich auch mit einer Führkette, wobei ich hier zwei der vielen möglichen Verschnallungsarten verwende.

Die eine Variante besteht darin, den Karabiner auf der einen Seite des Halfters in den seitlichen unteren Ring einzuhaken. Die Kette verläuft dann über den Nasenrücken und wird auf

Angekettet I: Verschnallung der Führkette über der Nase

Angekettet 2: Verschnallung der Führkette unterm Kinn

der anderen Seite wieder durch den unteren seitlichen Ring geführt. Dabei darf die Kette niemals direkt auf der Nase aufliegen, sondern sie muss schräg über den Nasenriemen des Halfters verlaufen. Gerade diese Kopfregion ist hoch empfindlich, da sich dort die Atemwege befinden und der Schädelknochen nicht sehr stabil ist.

Man sollte sich immer dessen bewusst sein, dass man auf eine der sensibelsten Körperzonen des Pferdes einwirkt, wenn man die Führkette so verschnallt. Folglich muss man mit der Kette sehr fein und behutsam umgehen. Wer nicht gelernt hat, rechtzeitig nachzugeben, der kann sein Pferd durch einen falschen Einsatz der scharfen Kette dazu bringen, zu steigen und sich sogar zu überschlagen.

Die Kette ist ein Instrument, mit dem man besonders fein arbeiten kann. Denn da der Pferdekopf ein Hohlkörper ist, verstärkt sich der Klang der Kette für das Tier. Deshalb reicht oft schon ein ganz leichtes Schütteln der Kette aus, um beim Pferd die gewünschte Reaktion zu erzeugen.

Die zweite Verschnallungsmöglichkeit sieht so aus, dass ich die Kette unter dem Kinn des Pferdes verlaufen lasse. Dazu ziehe ich den Karabiner auf der einen Seite durch den unteren seitlichen Halfterring, führe die Kette unter dem Kinn des Pferdes hindurch, durch den seitlichen unteren Ring auf der anderen Seite und schließlich hoch zum oberen Halfterring, wo ich den Karabiner einhake. In diesem Fall wirkt die Kette vor allem durch den Druck aufs Kinn – ähnlich wie die Kinnkette einer Kandare.

Pferde reagieren sehr unterschiedlich auf die verschiedenen Verschnallungsmöglichkeiten der Führkette. Wann ich welche Kettenführung einsetze, hängt vom jeweiligen Pferd ab. Man braucht allerdings einige Erfahrung, um herauszufinden, welche Verschnallungsart im Einzelfall angebracht ist. Daher sollte die Führkette einem Pferd nur durch die sensible Hand eines Profis erklärt werden; später darf jeder unterrichtete Schüler sie benutzen.

Die handelsüblichen Führketten münden in der Regel in stabile Nylonstricke. Bei der Arbeit mit Führkette verwende ich das Ende des Stricks nicht zum Treiben, da sich jede Bewegung des Stricks auf die Kette übertragen würde. Stattdessen benutze ich eine Gerte, die möglichst lang sein sollte (mindestens 1,20 m), damit ich das Pferd damit überall unterstützend berühren kann.

Die Bodenarbeit

Die Hilfengebung vom Boden aus

Bei der Bodenarbeit setze ich bereits sämtliche Hilfen ein, mit denen ich mich auch später beim Reiten mit dem Pferd verständige. Das Führseil oder die Kette ersetzt die

Zügelhilfe, die Gerte oder das Seilende die Schenkelhilfe, und meine Stimmhilfen sind bei der Arbeit vom Boden und vom Sattel aus identisch. Die Gewichtshilfen kann ich vom Boden aus durch meine Körperpräsenz ersetzen. Wenn ich mit einem gesattelten Pferd arbeite, kann ich sogar das Reitergewicht simulieren, indem ich z.B. an dem entsprechenden Steigbügel ziehe und das Pferd unter diese Gewichtsverlagerung treten lasse.

Erst das Ziel und dann der Weg dorthin

Solange man nicht genau weiß, was man erreichen möchte, sollte man nicht mit Pferden umgehen. Doch es reicht nicht aus, klare Ziele zu haben: Man muss auch die entsprechenden Hilfen dafür kennen und geben können. Das muss man lernen – genau wie eine Fremdsprache. Denn nur so wird die Kommunikation mit dem Pferd möglich: Beide müssen eine ihnen fremde Sprache lernen, um sich miteinander verständigen zu können.

Die Ziele der Bodenarbeit

Ich setze die Bodenarbeit nicht nur zu Ausbildungszwecken ein, sondern auch, um abzuklären, inwieweit ein Pferd mich respektiert und versteht. Ich steige niemals auf ein Pferd, ohne diese Verständigungsfragen vorher geklärt zu haben.

Durch die verschiedenen Übungen vom Boden aus lernt das Pferd seinen Körper besser kennen. Es begreift, dass es seine Vorder- und Hinterbeine bewusst getrennt voneinander bewegen kann. Auch wenn es das in der Natur ständig unbewusst tut, weiß es zunächst noch nicht, dass diese Bewegungen auch auf den Punkt genau abgerufen werden können.

Außerdem kann ich die Bauch- und Rückenmuskulatur des Pferdes bereits bei der Bodenarbeit und beim Longieren aufbauen, sodass das Tier später weniger Probleme hat, mit dem Reitergewicht zurechtzukommen. Es lernt, sich auf gebogenen Linien zu bewegen und die Beine zu kreuzen, und es bekommt erste Eindrücke vom Rückwärtstreten und Nachgeben. Bei der Arbeit vom Boden aus stellt man auch schnell fest, wie lange sich ein Pferd konzentrieren kann. Durch Stangenarbeit kann man die Aufmerksamkeit des Pferdes gegenüber Bodenhindernissen fördern und das Pferd vor Langeweile bewahren.

Zu Fuß aufs Turnier

Die Bodenarbeit ist keineswegs nur eine Vorstufe zum Reiten. Es gibt sogar eine spezielle Westerndisziplin, die sogenannte *Showmanship at Halter*, bei der das Pferd nur mit Halfter und Führkette an der Hand vorgestellt wird. Dabei wird eine kleine Aufgabe vorgeführt, die z.B. aus Antraben, Drehen auf der Hinterhand, Rückwärtsrichten und Aufstellen bestehen kann.

Das Führen

Zur Arbeit vom Boden aus gehört natürlich auch das Führen. Bei mir haben die Pferde mit ihrer Schulter stets hinter meiner Schulter zu bleiben. Sie dürfen maximal auf gleicher Höhe aufschließen. Damit stelle ich sicher, dass die Pferde meinen höheren Rang respektieren. Denn auch in der Herde darf ein rangniederes Pferd niemals einen ranghöheren Artgenossen überholen. Auf keinen Fall darf ein Pferd ohne Aufforderung an mir vorbeilaufen, geschweige denn mich über den Haufen rennen – egal, welchen Grund es zu haben meint (z.B. Erschrecken). Deshalb lernen die Pferde bei mir frühzeitig, stehen zu bleiben, wenn sie erschrecken. Dann lasse ich den Strick recht lang, damit sie sich den Furcht erregenden Gegenstand in Ruhe ansehen können. Sollte es doch einmal passieren, dass mich ein Pferd überrennt, mache ich ihm diese Situation so unangenehm, dass es sich beim nächsten Mal nicht mehr an mir vorbeibewegt. Dazu kann ich beispielsweise kurz und heftig am Strick ziehen, bis das Pferd rückwärts weicht.

Beim Führen ist es außerdem wichtig, dass das Pferd den Individualabstand des Menschen respektiert, der bei mir etwa einen halben Meter beträgt. In dieser Distanz hängt mein Führseil oder Zügel locker durch. Die Wahrung dieses Abstandes kennt das Pferd bereits von der Herde her. Kommt das Pferd mir zu nahe, schicke ich es mit Wellenbewegungen des Führseils zurück.

Ich achte immer darauf, dass niemals Spannung auf dem Führseil ist, denn sonst könnte das Pferd die Kraft seiner Halsmuskulatur einsetzen. Aus diesem Grund führe ich auch nie direkt am Halfter. Hängt das Führseil bzw. der Zügel etwas durch, kann ich eine auf Flucht ausgerichtete Bewegung des Pferdes mit einem gezielten Ruck zum Stillstand bringen. Denn mit Kraft ist ein Pferd schlecht zu führen bzw. zu erziehen – mit Technik und dem richtigen Timing dagegen sehr gut. Versteht das Pferd erst einmal die Hilfen, ist das Führen kinderleicht. Bitte beachten Sie aber, dass das Führtraining von einem erfahrenen Ausbilder

Stillgestanden: Erst bleibe ich stehen, dann mein Pferd.

durchgeführt werden sollte. Das Pferd muss erst einmal lernen, was der Mensch von ihm erwartet. Hat es diesen Lernprozess hinter sich, kann jeder das Pferd führen, der die richtige Anleitung dafür bekommen hat.

Das Führen kann man täglich üben, z.B. wenn man das Pferd auf die Koppel führt oder aus der Box holt. *Dabei sollten wir stets daran denken, dass Pferde immer lernen, wenn wir mit ihnen umgehen – und dass es von uns abhängt, was sie dabei lernen.*

Das Anhalten

Grundsätzlich hat das Pferd in dem Moment, in dem ich selbst anhalte, neben mir stehen zu bleiben. Schließlich hat es beim Führen gelernt, meinen Individualabstand zu respektieren. Sollte es weitergehen, lasse ich es in die Führkette oder das Halfter hineinlaufen. Es läuft praktisch gegen eine von mir geschaffene Wand. Hat es diese unangenehme Erfahrung gemacht, so wird es von nun an aufmerksamer darauf achten, wo ich mich befinde und wann ich stehen bleibe.

Etwas unsensiblere oder besonders dickköpfige Pferde brauchen anfangs zusätzlich noch einen plötzlichen, starken Ruck, um mich zu verstehen. Auf keinen Fall darf man am Strick ziehen oder den Ellenbogen in die Pferdeschulter rammen. Dabei würde der Mensch den Kürzeren ziehen, weil das Pferd körperlich stärker ist.

Wenn man ein Pferd permanent mit einem leichten Zug am Seil führt, hat man – wie bereits erwähnt – kaum Einflussmöglichkeiten, um das Tier zum Halten zu bringen. Nur bei Pferden, bei denen die Körpersprache des Menschen als Haltesignal noch nicht ausreicht, benötigt man den Wechsel vom losen Seil zu einem plötzlichen, starken Ruck, der das Pferd praktisch aus dem Gleichgewicht bringt. Diese Hilfe kann man nur dann geben, wenn man nicht ständig leicht am Seil zieht.

Vorbereitung aufs Rückwärtstreten: Mit dem Führseil oder der Kette animiere ich das Pferd, den Kopf nach oben zu nehmen, damit es sein Gewicht nach hinten verlagert.

Rückwärtstreten für Fortgeschrittene: Hat das Pferd erst einmal verstanden, was ich von ihm will, so tritt es schon auf eine leichte Aufforderung hin rückwärts.

Sollte mich ein Pferd – statt anzuhalten – überholt haben, lasse ich es zusätzlich zum Aufbau der „Wand" noch einige Schritte rückwärts treten. Das ist eine sehr gute Übung, um dem Pferd die Rangordnung wieder ins Gedächtnis zu rufen.

Beim Anhalten sollte man das Pferd auch nicht seitlich wegtreten lassen. Es soll in gerader Linie neben dem Menschen anhalten. Das kann man anfangs gut an einer Bande oder Wand üben, damit sich das Pferd nicht so leicht entziehen kann.

Eines ist jedenfalls sicher: Wenn man mit Fantasie ans Training vom Boden aus herangeht und sich klare Ziele setzt, ist die Bodenarbeit für Mensch und Pferd niemals langweilig!

Das Rückwärtstreten

Das Rückwärtstreten vom Boden aus ist besonders wichtig. Das Pferd soll lernen, sich gerade rückwärts von mir wegzubewegen. Dazu stelle ich mich vor das Tier, richte mich mit breiten Schultern und erhobener Hand auf, schnalze und lasse den Strick leicht in Richtung Pferd schwingen, sodass der Haken am Pferdekopf „klingelt". Je schwerer der Haken, desto stärker ist die Wirkung.

Wenn das noch nicht reicht, um das Pferd zum Rückwärtstreten zu veranlassen, bewege ich das Seil wellenförmig so stark in Richtung Pferd, dass der schwere Haken gegen den Pferdekopf klopft. Dafür sollte man auf keinen Fall einen Panikhaken verwenden, weil dieser dabei aufspringen könnte. Das Anklopfen des Hakens führt dazu, dass das Pferd erst einmal den Kopf hochnimmt. Das ist durchaus beabsichtigt, denn dabei verlagert es sein Gewicht von den Vorderbeinen weg nach hinten. Das ist die Voraussetzung dafür, dass sich das Pferd rückwärts bewegen kann. Hat diese Gewichtsverlagerung stattgefunden, so beende ich meine Hilfengebung erst einmal. Dann frage ich freundlich und mit sanften Hilfen den nächsten Schritt an. Reicht diese Aufforderung wieder nicht, verstärke ich meine Signale aufs Neue. Es ist wichtig, es immer zuerst mit leichten Hilfen zu probieren, bevor man massiver einwirkt.

Wenn das Pferd begriffen hat, dass es zum Rückwärtstreten sein Gewicht nach hinten verlagern muss, reagiert es je nach Sensibilität bereits auf feinstes „Klingeln" und lässt den Kopf von sich aus unten. Denn natürlich ist es das Ziel dieses Ausbildungsabschnitts, dass das Pferd mit gesenktem Kopf rückwärts tritt. Doch das muss es eben erst lernen, evt. mit Hilfe der Führkette.

Versucht ein Pferd, sich seitwärts zu entziehen, so bringe ich es mit einem kurzen Zupfen am Seil wieder in die gerade Position.

Bitte achten Sie darauf, Ihr Pferd nicht zu oft und zu lang rückwärts gehen zu lassen, da das Rückwärtstreten in der Pferdesprache immer auch eine Unterwerfungsgeste ist. Dadurch ist diese Übung zwar bei Ungehorsam sehr gut einsetzbar. Wenn der Mensch es damit übertreibt, kann das Pferd aber leicht entmutigt oder sauer werden – und wir wünschen uns doch ein motiviertes Pferd, das gerne mitmacht.

Das Vorwärtstreten

Wenn ich das Pferd von mir weggeschickt habe, möchte ich es natürlich auch wieder zu mir herholen. Dafür ziehe ich das Tier nicht einfach am Strick zu mir, sondern baue einen leichten Zug auf und erhalte ihn aufrecht, ohne zu zerren. Manche Pferde versuchen dieser Einwirkung rückwärts auszuweichen – doch ohne Erfolg, da mein Druck bestehen bleibt. Sobald das Pferd sich auch nur minimal nach vorne lehnt – es muss noch gar keinen Schritt gemacht haben –, lässt mein Zug nach. Dann frage ich den nächsten Schritt bzw. die nächste Vorwärtsbewegung ab. Wieder spürt das Pferd ein sofortiges Nachlassen des Zugs, sobald es Ansätze zum Vorwärtstreten zeigt.

Je abgestumpfter oder widersetzlicher ein Pferd in der Vergangenheit gemacht wurde, desto eher muss ich den Zug auch mal verstärken. Bei solchen Pferden kann ich nicht nur warten, bis sie dem konstanten Zug nachgeben. Doch in jedem Fall muss man dem Pferd genug Zeit geben, herauszufinden, was der Mensch von ihm will.

Wie bereits erwähnt, sollte man die Führausbildung einem Profi überlassen. Die Abfrage des Gelernten sollte dann für jeden entsprechend eingewiesenen Pferdebesitzer problemlos und mit wenig Aufwand möglich sein.

Das Seitwärtsschicken

Das Seitwärtsschicken ist eine gute Vorbereitung aufs Longieren. Um ein Pferd nach links oder rechts wegtreten zu lassen, platziere ich mich etwa auf Höhe der Pferdeschulter. Hier kann ich gut auf das Tier einwirken. Nun zeige ich mit der Hand, in der ich das Seil halte, in die Richtung, in die sich das Pferd bewegen soll. Reicht das noch nicht aus, baue ich mit dieser Hand einen leichten Druck auf. Diesen Druck erhalte ich konstant aufrecht, ohne am Strick zu ziehen. Wenn das Pferd nun noch nicht wegtritt, lasse ich das Seilende als treibende Hilfe in Richtung Pferd schwingen oder setze die Gerte entsprechend ein. In den meisten Fällen klappt es jetzt, und das Pferd weicht zur Seite aus. Manchmal ist es auch nötig, das Pferd leicht mit dem Seilende oder der Gerte zu touchieren. Wenn man eine Gerte einsetzt, darf man niemals von der Seite auf das Pferd tippen, sondern immer von oben nach unten an der Kruppe oder am Bauch entlang. So wird das Pferd der Gerte gegenüber nicht scheu. Diese „treibende Hilfe" wird immer durch ein Schnalzen unterstützt, damit das Pferd nicht allein durch die Berührung zum Wegtreten angeregt wird.

Ganz gewiefte Pferde versuchen die Seitwärtsbewegung zu vermeiden, indem sie auf den Menschen zugehen. In diesem Fall schwinge ich das Seilende bzw. die Gerte sehr bestimmt in Richtung Pferdeschulter. Eventuell muss ich das Pferd damit auch einmal kurz und kräftig berühren. Es ist wichtig, dass ich dabei wie ein Fels stehen bleibe. Denn sobald ich einen Schritt zurücktrete, habe ich in den Augen des Pferdes nachgegeben.

Beim Seitwärtsschicken kommt es – wie immer – darauf an, jede Regung des Pferdes sofort zu erkennen und im richtigen Moment zu reagieren. Wenn man das Seitwärtsschicken beherrscht, fällt einem auch das Longieren leicht.

Seitwärtsschicken: Damit das Pferd zur Seite ausweicht, positioniere ich mich auf Höhe der Pferdeschulter, schnalze und treibe – wenn nötig – mit dem Seilende oder der Gerte.

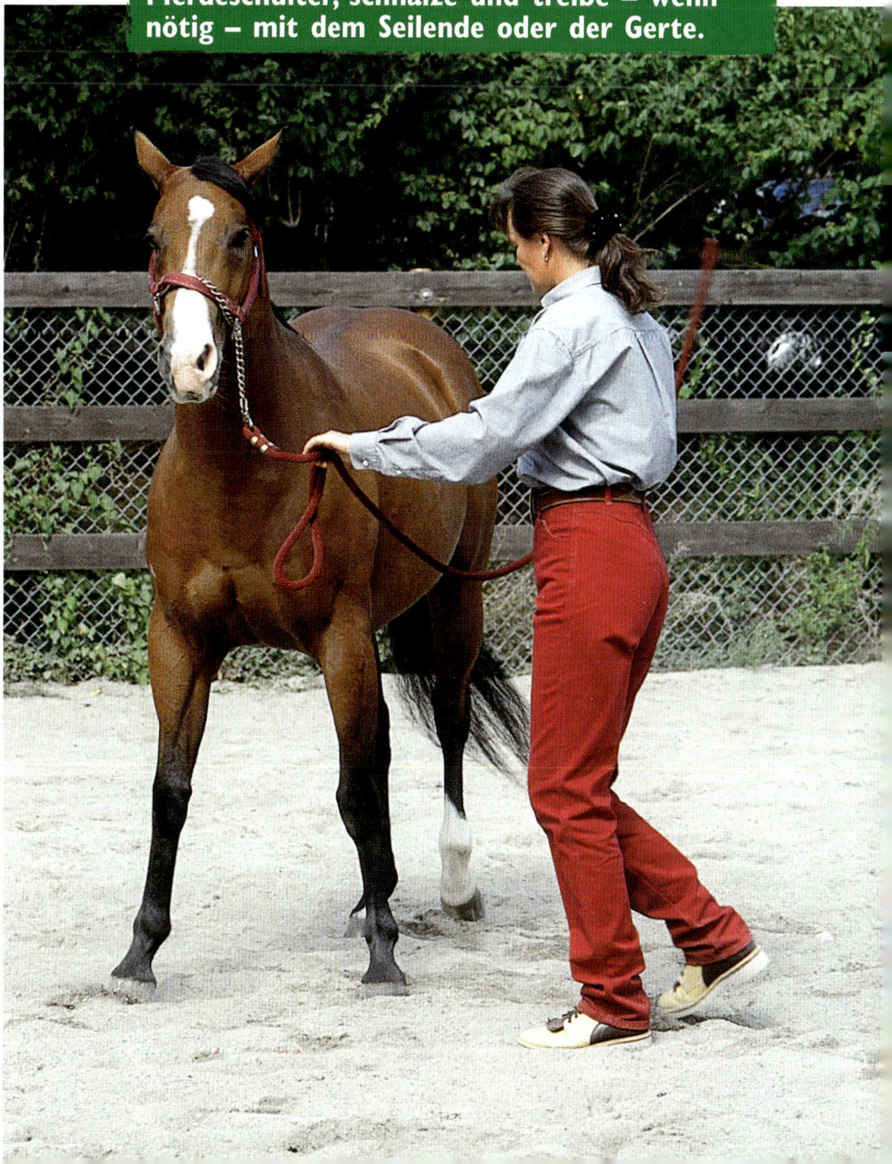

Vorhandwendung – Hüfte verschieben

Bei dieser Übung möchte ich erreichen, dass das Pferd mit den Hinterbeinen über Kreuz seitwärts tritt, während die Vorderbeine auf der Stelle treten.

Zum Verschieben der Hüfte bleibe ich erst einmal in der gleichen Position wie beim Seitwärtsschicken, also auf Höhe der Pferdeschulter. Nun fasse ich das Seil allerdings etwas kürzer und fixiere so den Pferdekopf und damit die Vorderbeine. Gleichzeitig mache ich einen energischen Schritt auf die Hinterhand des Pferdes zu, begleitet von einem Schnalzen. In der Regel weicht das Tier nun sofort mit der Hinterhand und tritt mit den Hinterbeinen von mir weg. Diese Bewegung forciere ich durch meinen Körpereinsatz so, dass es die Hinterbeine dabei überkreuzt. Der Kopf, der wegen der Einwirkung des Seils fixiert ist, bleibt mir zugewandt. Dadurch erreiche ich auch, dass die Vorhand fast stehen bleibt.

Vielseitige Bodenarbeit

Zur Bodenarbeit gehören für mich alle Aktivitäten ohne Reiter – vom Führen über die Roundpen-Arbeit, das Longieren, die Arbeit an der Doppellonge, die Stangenarbeit und das Bekanntmachen mit den verschiedensten Gegenständen bis hin zum Handpferdereiten. Letzteres stellt allerdings schon den Übergang zum Reiten dar, da die Zügel- und Stimmhilfen bereits von oben kommen.

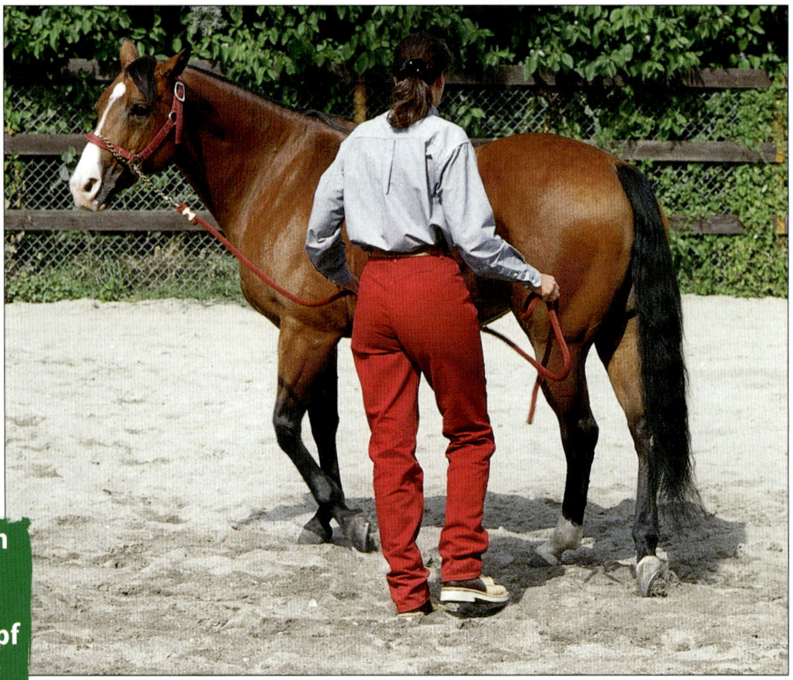

Vorhandwendung: Wenn ich energisch auf die Hinterhand des Pferdes zugehe und gleichzeitig seinen Kopf und damit die Vorderbeine fixiere, tritt es mit den Hinterbeinen über Kreuz von mir weg.

Hinterhandwendung – Schulter verschieben

Beim Verschieben der Schulter soll das Pferd mit den Vorderbeinen über Kreuz seitwärts treten und dabei mit den Hinterbeinen auf der Stelle ab- und auffußen. Ich stelle mich schräg vor das Pferd und zeige mit meiner richtungsweisenden Hand (die das Seil hält) dorthin, wo das Pferd seine Schulter hinbewegen soll. Reicht das nicht aus, animiere ich das Pferd an der Schulter mit dem Seilende zum Wegtreten. Gleichzeitig überkreuze ich selbst meine Beine. Durch meinen Körpereinsatz helfe ich dem Tier auch optisch zu verstehen, was ich von ihm möchte. Sollte es nach hinten ausweichen, muss ich ihm vorne mehr Raum zum Seitwärtstreten geben.

Hinterhandwendung: Ich überkreuze meine Beine so, wie ich es mir vom Pferd wünsche. Es orientiert sich an meiner Körpersprache und tritt mit den Vorderbeinen über Kreuz um die Hinterhand herum.

Seitengang: Um das Pferd zum Seitwärtstreten zu veranlassen, gehe ich energisch auf seine Mittelhand zu und führe den Kopf in die gewünschte Richtung.

Seitengänge

Seitengänge sind im Grunde nichts anderes als eine Kombination aus Vor- und Hinterhandwendung. Zu Anfang kann ich es mir und dem Pferd leichter machen, wenn ich den Seitengang an einem Zaun oder einer Wand entlang fordere, sodass das Pferd durch die Begrenzung vor seinem Kopf nicht nach vorne ausweichen kann.

Ich positioniere mich auf der Seite des Pferdes, von der es sich wegbewegen soll. In der einen Hand halte ich das Führseil, in der anderen die Gerte oder das Seilende. Statt wie beim Verschieben der Schulter oder der Hüfte vermehrt auf die Vorhand oder die Hinterhand einzuwirken, spreche ich das Pferd mit meiner Körpersprache nun im Bereich der Mittelhand an, also in Höhe seines Bauches. Ich richte mich dabei gerade und kraftvoll auf und unterstütze diese Körperhaltung wieder durch Schnalzen.

Nun gehe ich mit viel Energie und vor allem mit einer genauen Vorstellung davon, was ich erreichen möchte, auf das Pferd zu. Wenn das nicht ausreicht, benutze ich das Seilende oder die Gerte, um das Pferd erst nur optisch, notfalls auch durch Berührung von mir wegzutreiben. Das sollte allerdings nicht nötig sein, wenn das Pferd die Vor- und Hinterhandwendung bereits verstanden hat und beherrscht. Bei dieser Übung zeigt sich wieder einmal, ob das Pferd den Menschen als Ranghöheren akzeptiert – und ob der Mensch genügend Energie ausstrahlt, um das Pferd zum Weichen zu animieren.

Weicht das Pferd erst mit der Schulter aus, korrigiere ich seinen Kopf durch einen kurzen Seilimpuls und treibe gleichzeitig mit dem Seilende bzw. der Gerte vermehrt an der Hinterhand.

Wenn das Pferd dagegen mit der Hinterhand zu schnell ausweicht, treibe ich an der Schulter stärker nach, sodass die Balance wieder hergestellt wird. Denn ich kann das Pferd ja schlecht am Schweif zurückhalten.

Zu Beginn sind die Seitengänge ein permanentes leichtes Korrigieren. Es dauert seine Zeit, bis das Pferd gelernt hat, vorne und hinten gleichmäßig über Kreuz zur Seite zu treten. Auf keinen Fall darf man zu viel auf einmal fordern. Anfangs reichen zwei kleine Schritte, bei denen das Pferd aber auch wirklich über Kreuz treten sollte. Dann wird es sofort mit einer Pause belohnt.

Stangenarbeit

Stangenübungen sind für mich ein wichtiger Bestandteil der Bodenarbeit. Ich finde es schade, dass viele Pferde nur lernen, vorwärts über Stangen zu treten. Denn fürs Vertrauen zum Menschen ist es auch ungemein wichtig, das Pferd rückwärts über Stangen treten zu lassen. Dadurch werden die Koordinationsfähigkeit und die Sicherheit des Pferdes besonders gefördert, wie man z.B. beim Ausladen des Tieres aus dem Hänger feststellen kann.

Außerdem ist die Bodenarbeit die erste Vorbereitung auf Trailübungen. Vom Boden aus kann das Pferd in aller Ruhe an die diversen Hindernisse wie z.B. Brücke, Stangen-L, Hütchen etc. herangeführt werden, ohne dass es dabei zusätzlich mit den Reiterhilfen zurechtkommen muss. Mit dem Strick bzw. der Führkette und der Gerte in Kombination mit meiner Führposition kann ich die Bewegungen der einzelnen Pferdebeine koordinieren und dem Pferd zeigen, wie es die Hindernisse nehmen kann.

Mein Tipp zum Einschätzen der Schrittlänge

Die folgende Übung hilft Ihnen, zu kontrollieren, inwieweit Sie die Schrittlänge und das Tempo Ihres Pferdes richtig einschätzen können: Legen Sie eine Stange auf den Boden und bestimmen Sie vorab, mit welchem Bein Ihr Pferd zuerst darüber treten soll. Jetzt lassen Sie Ihr Pferd auf die Stange zumarschieren. Achten Sie genau darauf, ob Sie die Schrittlänge vergrößern oder zurücknehmen müssen, damit das Tier mit dem gewünschten Bein zuerst über die Stange tritt. Diese Übung funktioniert sowohl vom Boden als auch vom Rücken des Pferdes aus.

Das Longieren

Die Ziele der Longenarbeit

Es würde den Rahmen dieses Buches sprengen, auf alle Aspekte rund ums Longieren einzugehen. Es gibt gute Lehrgänge, bei denen Sie das Longieren gründlich erlernen können. Daher möchte ich hier nur einen kleinen Einblick in die Longenarbeit geben.

Zum einen gibt es das reine Bewegungslongieren. Dazu zähle ich z.B. das freie Laufenlassen im Roundpen und das Longieren am Halfter – je nach Temperament des Pferdes mit oder ohne Führkette. Es bietet dem Reiter die Möglichkeit, seinem Pferd mit relativ wenig Zeitaufwand Bewegung zu verschaffen.

Viel wichtiger ist die Arbeit an der Longe in der Ausbildung des Pferdes. Dabei lernt es, sich in allen drei Gangarten auf einer Kreislinie auszubalancieren. Das ist keine Selbstverständlichkeit,

Wenn nötig, setze ich beim Longieren einen Halsverlängerer ein. So lernt das Pferd, sich vorwärts-abwärts zu strecken.

denn in der Natur laufen die Pferde überwiegend geradeaus. An der Longe können sie ohne Reitergewicht lernen, sich gebogen zu bewegen, sich zu entspannen und loszulassen – was für die Tiere anfangs ebenfalls ungewohnt ist. Denn gerade in den schnelleren Gangarten steht das Fluchttier Pferd erst einmal unter Spannung. Durch beruhigende Longenarbeit kann ein erfahrener Ausbilder dem Pferd vermitteln, dass es sich auch im Galopp entspannt und ruhig bewegen kann. Das gilt natürlich auch für vernünftige Roundpen-Arbeit.

Die Ausrüstung fürs Longieren

Zu Beginn verwende ich eine gewöhnliche Longe und eine leichte Longierpeitsche, mit der ich das Pferd durch leichtes Touchieren an den entsprechenden Stellen der Hinterhand zum vermehrten Vorwärtsgehen oder auch zum Untertreten animieren kann. Denn bereits beim Longieren achte ich darauf, dass sich das Pferd nicht auf die Vorhand stützt, sondern lernt, sein Gewicht verstärkt mit der Hinterhand aufzunehmen, also vermehrt an den Schwerpunkt heranzutreten. Die Peitsche ist später selten nötig.

Viele Pferde haben zu Beginn der Ausbildung eine schlechte oder kaum ausgeprägte Hals- bzw. Rückenmuskulatur, die man wunderbar über Longenarbeit mit Halsverlängerer verbessern kann. Das Pferd lernt so, sich losgelassen und taktrein mit tiefem Hals zu bewegen. Dadurch kann sein Rücken frei schwingen, und die Hinterhand bekommt Raum, um untertreten zu können. Nur wenn der Rücken frei nach oben schwingt, kann sich das Pferd später leicht versammeln.

Doch auch diese Art des Longierens muss vom Pferd erst verstanden und gelernt werden. Auf gar keinen Fall darf zur Ausbildung eine enge Verschnürung benutzt werden. Welche Hilfszügel ich für geeignet halte, beschreibe ich im Kapitel über die Ausrüstung (siehe Seite 72).

Wer einen Roundpen zur Verfügung hat, braucht nicht unbedingt eine Longe. Das ausschließliche Arbeiten im Roundpen hat aber den Nachteil, dass sich viele Pferde an der Wand anlehnen. Hier muss man durch Trainingseinheiten auf dem Platz für einen entsprechenden Ausgleich sorgen.

Position und Körperhaltung des Longierers

Bei der Longenarbeit sind die Körperhaltung und -position des Menschen immens wichtig. Wenn der Longierer seinen Körper nicht punktgenau einsetzt, kann er das Pferd so stark verwirren, dass es beispielsweise einfach stehen bleibt, umdreht, wegrennt oder sogar steigt.

Und so sieht die richtige Position aus: Wenn man sich ein Dreieck aus Pferd, Longe, Peitsche und Mensch vorstellt, befinde ich mich immer etwas hinter der Schulter des Pferdes. Je weiter hinten ich mich platziere, desto stärker treibe ich das Pferd an; je weiter vorne ich mich befinde, desto stärker ist die bremsende Wirkung.

Meine körperliche Einwirkung auf das Pferd ist immer eine Kombination aus meiner Position und meiner Körperhaltung. Zum Anhalten stelle ich mich nicht vor das Pferd, wie es viele machen, sondern ich werde einfach passiv. Möchte ich, dass das Pferd auf der Kreislinie anhält, so bleibe ich ihm zugewandt stehen und gebe keine Energie mehr ab.

Je mehr Spannung in meinem Körper ist, desto schneller wird das Pferd. Zusätzlich zu meiner Körperspannung kann ich auch noch die Peitsche anheben. Je ruhiger meine Bewegungen werden und je weniger Spannung in meinem Körper ist, desto langsamer wird das Pferd. Um meine Passivität zu unterstreichen, senke ich dann die Hände.

Diese Körpersprache wird durch Zungenschnalzen für Beschleunigung, „Küsschen“ für Galopp und die entsprechenden Stimmkommandos zum Beruhigen bzw. Anhalten unterstützt.

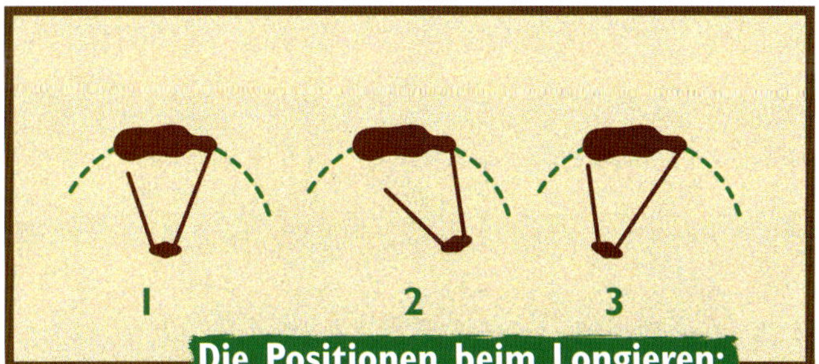

Die Positionen beim Longieren:
1: Tempo beibehalten
2: Verlangsamen
3: Beschleunigen

Wie ich das Pferd an die Longenarbeit gewöhne

Zunächst schicke ich das Pferd wie auf Seite 53 beschrieben nach links oder rechts auf die Kreislinie. Dabei arbeite ich anfangs mit Halfter und Führkette. Je unerfahrener das Pferd ist, desto mehr gehe ich auf einem etwas kleineren Zirkel mit – fast schon wie beim Fahren vom Boden aus. Das Pferd lernt erst einmal, sich rechts- und linksherum im Schritt auf der Kreislinie zu bewegen. Dabei lasse ich es zunächst auf jeder Seite maximal drei Runden gehen. Um die Beine auf Dauer nicht zu sehr zu belasten, achte ich darauf, dass der Longierzirkel nicht zu eng ist. Er sollte einen Durchmesser von etwa 15 bis 17 Metern haben. Wenn das Pferd sein Gleichgewicht gefunden hat und sich taktrein und losgelassen bewegt, longiere ich es mit Sattel. So kann es sich an dessen Gewicht und an das Schlackern der Steigbügel gewöhnen, bevor mein Gewicht hinzukommt.

Lockerungsübungen

Bereits vor dem Reiten kann man vom Boden aus einige Lockerungsübungen mit dem Pferd durchführen.

Das Anheben des Rückens

Beim Anheben des Rückens wölbt das Pferd die Wirbelsäule nach oben. Dadurch werden die Wirbelsäule und die Rückenmuskulatur gelockert. Vor dem Training kann man das Pferd mit dieser Übung lockern. Nach dem Training sorgt das Anheben des Rückens für eine erneute Lockerung der Muskulatur und vermindert somit einen eventuell auftretenden Muskelkater.

Man kann den Pferderücken im Stand anheben, indem man das Pferd mit den Fingern unterm Bauch im Bereich der Gurtlage „anhebt“. Manchmal muss man etwas mit den Fingerkuppen drücken, um eine ausreichende Reaktion zu erzielen. Dieselbe Wirkung erzielt man, wenn man auf beiden Seiten der Kruppe mit den Fingerspitzen Druck ausübt (siehe Abbildung auf der nächsten Seite).

Diese Übung ist auch hervorragend dazu geeignet, eventuelle physische Probleme bereits vom Boden aus zu erkennen. Denn man sieht, wie gut das Pferd den Rücken aufwölben kann, ob ihm dies nur unter Schmerzen gelingt oder locker und problemlos. Wenn diese Bewegung für ein Pferd schon ohne Reitergewicht vom Boden aus schwer möglich ist, wird es mir vom Sattel aus erst recht nicht gelingen, die Rückenmuskulatur des Tieres locker zu halten. In diesem Fall muss überprüft werden, ob gesundheitliche Probleme dafür verantwortlich sind.

Bein-Gymnastik

Eine weitere wirksame Übung besteht darin, die Vorderbeine des Pferdes nach vorne anzuheben – zum einen, um eventuell am Gurt eingeklemmte Härchen und Falten zu lösen, vor allem aber, um das Pferd bis zur Schulter hoch zu lösen. Dabei muss man unbedingt darauf achten, die Beine langsam und behutsam anzuheben. Ich führe diese Übung vor dem Reiten durch.

Hüft- und Schultergymnastik

Junge oder mir unbekannte Pferde lasse ich vor dem Reiten in einem engen Kreis um mich herumtreten. Wenn ich auf die Hinterhand zugehe, aktiv mit den Armen treibe und dazu schnalze, sollte das Pferd die Hinterhand sofort von mir wegdrehen. Ist das nicht der Fall, touchiere ich die Hinterhand leicht, bis das Pferd mit den Hinterbeinen wegtritt. Anfangs bin ich mit einem Schritt zufrieden. Es ist wichtig, dass das Pferd nur dann wegtritt, wenn ich (wie oben beschrieben) aktiv einwirke – und nicht bereits dann, wenn ich auf das Pferd zugehe wie z. B. zum Aufsteigen.

Wie beweglich das Pferd im Schulterbereich ist, kann man testen, indem man die Schulter weichen lässt. Auch hier wünsche ich mir, dass das Pferd mit der Vorhand wegtritt, wenn ich es (wie zuvor bei der Hinterhand) aktiv dazu auffordere. Gegebenenfalls unterstütze ich meine Einwirkung durch leichtes Touchieren mit dem Zügelende.

Diese kleinen Übungen zeigen mir, in welcher geistigen und körperlichen Verfassung das Pferd ist und worauf ich mich im Sattel einzustellen habe – beispielsweise auf ein munteres, spritziges oder entspanntes Pferd. Außerdem kann ich mir dadurch ein erstes Bild von seiner bisherigen Ausbildung machen. Die Übungen geben auch dem Pferd Zeit, mein Auftreten und meine Bewegungen zu beobachten, sodass es sich auf mich einstellen kann.

Rücken-Gymnastik: Um den Rücken des Pferdes anzuheben, drücke ich auf beiden Seiten der Kruppe mit den Fingerspitzen. Vorsicht: Normalerweise sollte man sich nicht direkt hinter das Pferd stellen!

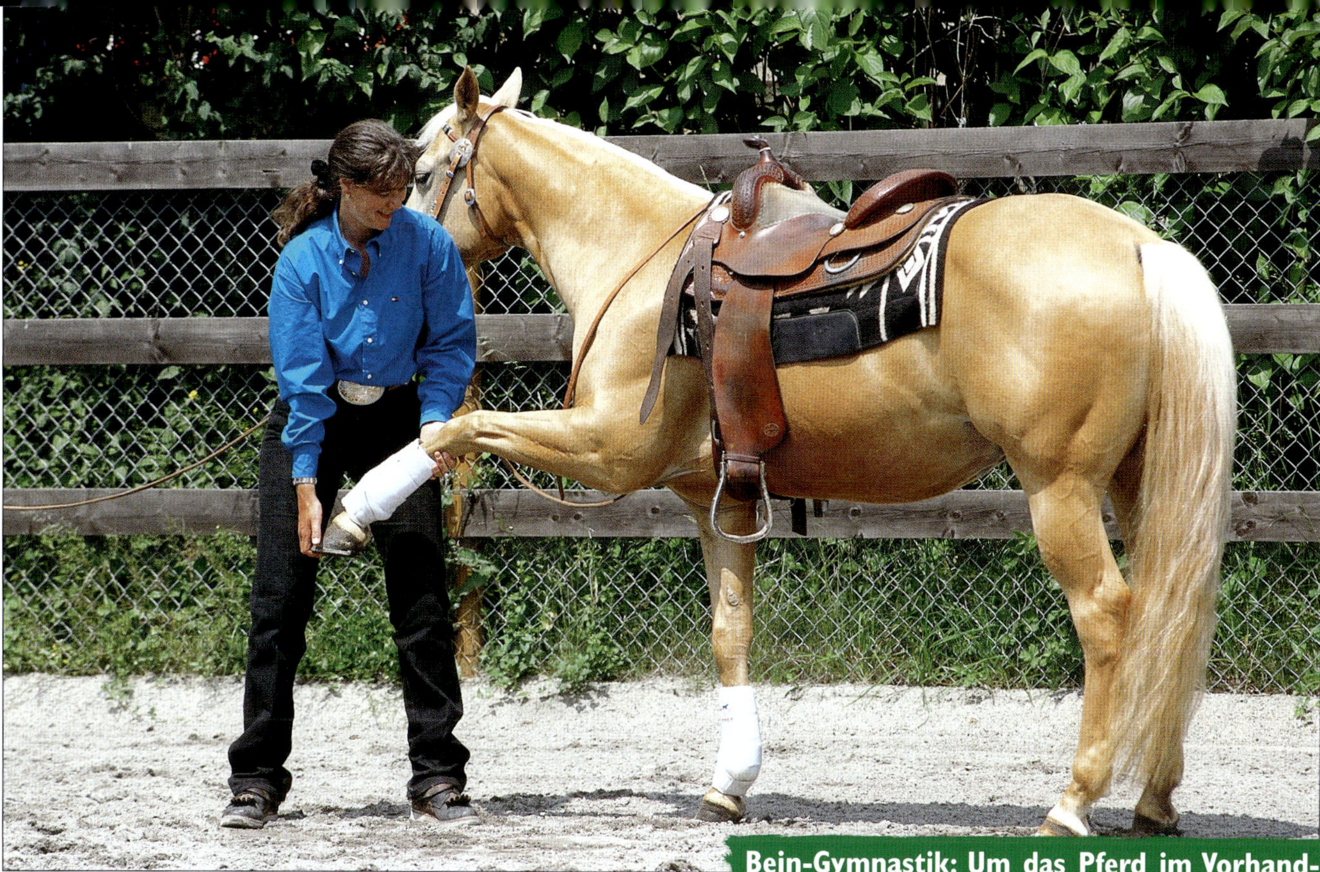

Bein-Gymnastik: Um das Pferd im Vorhand-/Schulterbereich zu lösen, hebe ich seine Vorderbeine nach vorne an und lasse sie langsam kreisen.

Vom Umgang mit Jungpferden

In den ersten drei Lebensjahren des Pferdes findet eine entscheidende Prägung in Bezug auf sein späteres Verhalten als Reitpferd statt. Alles, was es in dieser Zeit lernt, bekommt der Reiter später wieder präsentiert – Positives wie Negatives. Daher ist es nicht die schlechteste Lösung, ein Fohlen die ersten Jahre so ungestört wie möglich in einer Herde mit Gleichaltrigen und erfahrenen Tieren laufen zu lassen. Dort kann es das artgerechte Sozialverhalten lernen, auf dem später die Ausbildung basiert. Doch gerade wenn ein junges Pferd in der Herde aufwächst, darf man nicht auf eine gute Fohlenerziehung verzichten. Denn es muss immer möglich sein, das Pferd tierärztlich versorgen und seine Hufe vom Schmied bearbeiten zu lassen.

Aus falsch verstandener Rücksichtnahme gehen viele Fohlenbesitzer zu inkonsequent mit ihrem Tier um. Oft merken sie erst dann, was sie dem Pferd damit angetan haben, wenn bereits das junge Pferd eine Korrektur benötigt. Denn unter Inkonsequenz leidet das gesamte Mensch-Tier-Verhältnis: Werden dem Fohlen keine Grenzen gesetzt, weiß es nie so recht, woran es ist – wenn es sich nicht sogar als Ranghöheren empfindet ... Wer unsicher ist, wie er sein Fohlen erziehen soll, muss sich also Rat und Unterstützung bei erfahrenen Fachleuten holen. Das sind wir den Fohlen schuldig. Ein gut erzogenes Fohlen wird sicher ein verständnisvolles Jungpferd und bereitet seinem Besitzer viel Spaß.

Bei der Ausbildung des Pferdes sind die ersten zwei, drei Monate maßgeblich für seine weitere Entwicklung. Läuft bereits hier etwas falsch, so wird man im Laufe der Ausbildung bis ins hohe Alter immer wieder auf dieses Problem stoßen. Eine Korrektur ist für den Ausbilder und für das Pferd mit sehr viel Arbeit und Umdenken verbunden und dauert mindestens doppelt so lange wie die Ausbildung eines unausgebildeten Pferdes. Eine solide Grundausbildung dagegen bietet die beste Basis für eine erfolgreiche Zukunft.

Die in diesem und den vorigen Kapiteln aufgeführten Übungen sind für mich die Grundvoraussetzungen, die jedes Pferd vom Boden aus erfüllen sollte. Daneben gibt es eine Vielzahl weiterer guter und wichtiger Übungen, die ich hier nicht alle aufführen kann. Ich kann nur jedem raten, sowohl für die Bodenarbeit als auch fürs Longieren (genauso wie fürs Reiten) Kurse bei kompetenten Trainern zu belegen, um sich qualifiziert ausbilden und korrigieren zu lassen, unterstützt durch entsprechende Literatur und Videos.

Die Ausrüstung für Pferd und Reiter

Für die feine Verständigung mit dem Pferd braucht man die passende Ausrüstung. Sie sollte auf den Ausbildungsstand und die Ziele von Reiter und Pferd abgestimmt sein.

Halfter und Führseil

Das Halfter

Um ein Pferd zu führen oder es anzubinden, legt man ihm normalerweise ein Halfter an. Halfter gibt es in den verschiedensten Ausführungen, vom „weichen" Lederhalfter bis hin zum „scharfen" Knoten-Halfter. Welches Halfter ich verwende, hängt unter anderem vom Pferdetyp ab – und davon, was ich gerade mit dem Pferd vorhabe.

Knoten-Halfter benutze ich im Normalfall nur zum Führen oder bem Führtraining. Mit einem Knoten-Halfter darf man ein Pferd auf keinen Fall unbeaufsichtigt angebunden stehen lassen, z.B. beim Hängerfahren, in der Box oder am Putzplatz. Denn diese Halfter sind so konstruiert, dass sie nicht reißen. Folglich kann sich das Pferd durch die Knoten am Halfter und durch die dünnen Seile schwer verletzen, wenn es beispielsweise erschrickt und in Panik gerät. Der Vorteil der Knoten-Halfter liegt darin, dass man mit ihnen einen schärferen Zug und Druck erzeugen kann als mit „normalen" Stallhalftern. Man kann sich mit wenig Kraft besser verständlich machen und nimmt dem Pferd die Chance, sich bequem in ein breites, dickes Halfter zu legen und so unter Umständen den Menschen spazieren zu führen.

Breite Nylonhalfter mit fester Schnalle reißen normalerweise auch nicht. Es ist wichtig, ein stabiles Halfter mit nicht rutschender Schnalle zu verwenden, damit das Pferd sich nicht selbst befreien kann.

Bei allen Halftern muss man darauf achten, dass sie wirklich passen. Sind sie zu klein, so können sie das Pferd an der Nase einengen und damit beim Atmen behindern. Auf der anderen Seite darf das Halfter aber auch nicht so groß und weit sein, dass das Pferd es abstreifen oder mit den Vorderhufen in den Kehlriemen treten kann. Zu große Halfter können auch so tief in Nähe der Nüstern hängen, dass sich das Pferd bei einem heftigen Zug – z.B. wenn es erschrickt – das Nasenbein brechen könnte. Diese Gefahr ist umso größer, je tiefer der Nasenriemen des Halfters liegt. Denn das Nasenbein wird nach unten hin immer dünner und ist daher in der Nähe der Nüstern besonders verletzungsgefährdet.

Grundsätzlich sollte man einem Pferd nur dann ein Halfter anlegen, wenn man etwas mit dem Tier vorhat, also z.B. zum Führen oder Anbinden. In der Box sollte das Pferd kein Halfter tragen, da es damit irgendwo hängen bleiben und sich dabei verletzen könnte.

Das Führseil

Das Führseil sollte etwa zwei Meter lang sein. So kann das Pferd den Menschen nicht umwerfen oder mitziehen, falls es mal einen Satz zur Seite macht. Auch wenn das bei einem gut erzogenen Pferd nicht vorkommen sollte, kann es doch einmal passieren, dass es ausrutscht oder erschrickt. Ist das Führseil noch länger, so kann man es auch gut als Longe und zum Antreiben (als Verlängerung des Armes) verwenden. Wenn das Seil länger als drei Meter ist, braucht die Führperson allerdings schon einige Erfahrung, um noch gut einwirken zu können und sich nicht im Seil zu „verlieren".

Das Seil sollte so stabil sein, dass es nicht reißen kann, und gut in der Hand liegen. Der Haken sollte massiv und schwer sein, damit sich die Bewegungen des Seils deutlich aufs Halfter und damit auf den Pferdekopf übertragen (siehe auch Seite 48).

Panikhaken lehne ich strikt ab. Denn wenn ein Pferd erst einmal lernt, dass es sich selbst befreien kann, steht der Mensch vor einem großen Problem. Panikhaken erzeugen dann Panik. Sie gehen viel zu oft in Situationen auf, in denen man das Pferd eigentlich halten müsste, statt es laufen zu lassen. Ich bevorzuge Sicherheitsknoten, die vom Menschen in Notsituationen geöffnet werden können – vom Pferd dagegen nicht (siehe Seite 40).

Zaumzeug und Zügel

Leder-Kopfstücke

Ich benutze zur Ausbildung von jungen Pferden grundsätzlich Kopfstücke mit Stirn- und Kehlriemen, da diese nicht beim Scheuern oder Kopfschütteln abrutschen können – was bei Einohrtrensen schnell passieren kann. Je weiter das Pferd ausgebildet ist und je feiner es reagiert, desto weniger Leder kann es am Kopf tragen. Auf Turnieren werden oft auch Kopfstücke aus Pferdehaar und silberbeschlagene Zaumzeuge verwendet.

Für den täglichen Gebrauch empfehle ich ein Kopfstück aus gepflegtem, geöltem oder gefettetem Leder mit solide verarbeiteten Nähten und stabilen Schnallen. Die Qualität des Leders und der Nähte sollte regelmäßig überprüft werden. Denn durch Wasser und Schweiß können Schwachstellen auftreten, und Nähte oder Schrauben können sich lösen.

Breites Nylonhalfter

Knoten-Halfter

Mein Tipp für Kopfstücke mit Schrauben

Ich selbst benutze kaum Kopfstücke mit Schrauben. Falls ich doch einmal ein geschraubtes Zaumzeug, z.B. ein Showkopfstück, verwende, gebe ich einen Tropfen Uhu unter jede Schraube, sodass sich die Verbindungen nicht mehr zufällig lösen können.

Sperrhalfter

Auch in der Westernreiterei kann die Verwendung von Sperrhalftern unter Umständen angebracht sein – z.B. bei Korrekturpferden, die im Maul besonders abgestumpft sind. Ein Sperrhalfter verstärkt die Wirkung des Gebisses im Pferdemaul, indem es verhindert, dass das Pferd das Maul aufsperrt und sich somit dem Gebiss entzieht. Statt also immer schärfere Gebisse zu verwenden, kann man solche Pferde auch mit einem Sperrhalfter und einer Wassertrense reiten. Weil die Trenseneinwirkung durch das Sperrhalfter verstärkt wird, muss man darauf achten, die Zügelhilfen besonders behutsam zu geben. Das Pferd wird die Trense dann besser annehmen. Das Ziel muss allerdings immer darin bestehen, später ohne Sperrhalfter zu reiten. Das Sperrhalfter sollte – wie alle anderen Hilfsmittel – nur vorübergehend eingesetzt werden. Es ist auf Westernturnieren nicht zulässig.

Die Zügel

In der Westernreiterei unterscheidet man grundsätzlich zwischen den offenen Split Reins, den geschlossenen Slobber-Zügeln und den Romal Reins.

Split Reins sind an den Enden nicht miteinander verbunden und meist aus glattem Leder. Der Reiter bildet mit ihnen die so genannte Zügelbrücke, bei der beide Hände beide Zügel halten. Die Zügelbrücke ist nur auf bestimmten Turnieren vorgeschrieben, doch sie ist grundsätzlich sinnvoll, da ein aus der Hand gerutschter Zügel dabei auf dem Hals des Pferdes liegen bleibt. Diese beidhändige Zügelführung ist für junge oder am Anfang der Ausbildung stehende Pferde gedacht. Werden Split Reins einhändig (normalerweise mit Kandarenzäumung) geführt, so läuft ein Zügel vom Pferdemaul über dem Zeigefinger in die geschlossene Faust hinein, der andere über dem Mittelfinger. Beide Zügel verlassen die Faust unter dem kleinen Finger. Gerade bei kleineren Ponys kann man oft beobachten, dass die Split Reins viel zu lang herunterhängen, sodass die Pferde fast schon auf die Zügel treten. Die Split Reins sollten nur so lang sein, dass man damit noch eine treibende Hilfe auf der Pferdekruppe andeuten kann. Wenn sie locker auf dem Pferdehals aufliegen, sollten sie mindestens bis zum Vorderfußwurzelgelenk und maximal bis zum Fesselgelenk reichen.

Eine Besonderheit sind die so genannten Slobber-Zügel, die bei der kalifornischen Zügelführung verwendet werden. Sie sind geschlossen wie die englischen Zügel, bestehen aber im Gegensatz zu diesen meist aus Pferdehaar oder dickem Baumwoll- oder Nylonseil. Zu den Slobber-Zügeln gehört ein Führseil, das mit den Zügeln verbunden ist. Das Ende dieses Seils wird am Sattelhorn befestigt oder durch den Gürtel des Reiters gezogen. Das Seil dient zum Anbinden und Führen des Pferdes. Slobber-Zügel werden jeweils mit der ganzen Hand umfasst, laufen also unter dem kleinen Finger in die Faust hinein und zwischen Zeigefinger und Daumen wieder aus ihr heraus.

Romal Reins sind meist aus Rohhaut geflochten und ebenfalls geschlossen. Sie werden immer wie ein Blumenstrauß in einer Hand gehalten: Beide Zügel laufen vom Pferdemaul unter dem kleinen Finger hindurch in die Faust hinein und oben zwischen Zeigefinger und Daumen wieder hinaus. An dem Ende, das oben aus der Hand herauskommt, befindet sich ein weiterer geflochtener Lederstrang, der mit der zweiten Hand gehalten wird. Er diente den Cowboys als Peitsche für Rinder und Pferde.

Gebisslose Zäumungen

Das Sidepull

Diese gebisslose Zäumung ist aus Rohhaut oder Nylon gefertigt und ähnlich wie ein Stallhalfter aufgebaut. Die Zügel werden links und rechts an dafür vorgesehenen Ringen befestigt. Damit das Pferd die Wirkung des Sidepulls versteht, muss es bereits bei der Bodenarbeit gelernt haben, dem direkten Zug und Druck am Halfter nachzugeben. Dann kann man diese Reaktionen später auch beim Reiten mit einem Sidepull abrufen. Wenn man z.B. den linken Zügel annimmt, soll das Pferd den Kopf nach links drehen – also erstens dem Zug nach links folgen und zweitens dem Druck von rechts nachgeben. Um das Pferd zum Rückwärtstreten zu veranlassen, baue ich mit beiden Zügeln ganz leichten Druck auf, bis das Pferd sein Gewicht auf die Hinterhand verlagert. Dann kann ich schon wieder loslassen: Das Pferd wird zurücktreten.

Wer mit einem Sidepull reitet, muss sicher sein, dass das Pferd in Paniksituationen wirklich auf die Hilfen des Reiters reagiert bzw. dass es gar nicht in Panik gerät. Denn mit dem Sidepull hat man zwar eine gute Möglichkeit, den Hals des Pferdes zu biegen – aber eben nur, wenn das Pferd bereits nachgibt. Die Voraussetzung dafür ist die vorangegangene Bodenarbeit am Halfter.

Das Biegen des Halses ist genau die Bewegung, auf die es ankommt, wenn das Pferd zu schnell wird. *Nur ein gerades Pferd hat die Möglichkeit, seine Kraft in Geschwindigkeit umzusetzen.* Durch das einseitige Annehmen eines Zügels kann man es von der Geraden abbringen. Wollte das Pferd jetzt unvermindert schnell weiterlaufen, so würde es wegen des seitwärts gebogenen Halses über seine eigene Schulter laufen. Daher muss der Reiter, während er vorne mit dem Zügel einwirkt, gleichzeitig die Hinterhand des Pferdes durch Schenkeldruck wegschieben. Nach ein oder zwei Tritten bleiben die Pferde erfahrungsgemäß stehen, und der Reiter kann wieder loslassen.

Die genaue Beschreibung dieser Situation soll zeigen, dass zwar jeder mit einem Sidepull reiten kann, dass es aber nicht von der Zäumung abhängt, ob der Reiter sein Pferd unter Kontrolle hat, sondern vom gesamten Zusammenspiel seiner Hilfen.

Das Bosal

Diese gebisslose Zäumung ist aus Rohhaut oder Pferdehaar geflochten. Im Gegensatz zum Sidepull sind beim Bosal beide Zügel auf Höhe des Pferdekinns an einer Stelle befestigt. Dadurch wirken die Zügelhilfen eher indirekt, also weniger durch Zug als vielmehr durch indirekten Druck und den indirekt wirkenden, an den Hals angelegten Zügel. Wenn das Pferd dem äußeren, am Hals anliegenden Zügel weicht, bezeichnet man dies als Neck Reining.

Das Bosal eignet sich wegen seiner sticheligen Pferdehaarzügel gut, um dem Pferd das Neck Reining beizubringen. Doch durch den tiefen Ansatzpunkt der Zügel besteht die Gefahr, dass sich das Pferd sehr leicht im Kopfbereich verwirft. Das heißt, dass es zwar seine Nase in die gewünschte Richtung nimmt, aber

Sidepull

Bosal

das Genick und die Ohren zeigen in die entgegengesetzte Richtung. In dieser Haltung kann der Reiter nicht optimal auf das Pferd einwirken. Damit sich das Pferd nicht verwirft, muss die Hilfengebung des Reiters sehr fein sein, und das Pferd muss die Gewichts- und Schenkelhilfen bereits verstehen.

Ich empfinde das Bosal als scharfe Zäumung – auch wenn es ohne Gebiss auf den Pferdekopf einwirkt. Denn ein Bosal muss schwer sein, damit es richtig am Pferdekopf liegen kann. Folglich wird viel Kraft freigesetzt, wenn der Reiter die Zügel ruckartig annimmt.

Das Bosal ist eine Alternative für Turnierreiter, wenn ein Pferd gerade zahnt und man deshalb keine Gebisszäumung verwenden möchte. Außerdem kann es sinnvoll sein, das Bosal bei der Umstellung auf die Kandare einzusetzen. Viele Reiter verwenden eine Zeit lang die so genannte Doppelzäumung, bei der das Pferd gleichzeitig Bosal und Kandare trägt und so allmählich an die einhändige Zügelführung und die Kandare gewöhnt wird. *Grundsätzlich gehört das Bosal nur in die erfahrene Reiterhand.*

Trensengebisse

Das Snaffle Bit – die Wassertrense

Da dem jungen oder schlecht ausgebildeten Pferd weder Gewichts- noch Schenkelhilfen bekannt sind, muss ich hier neben dem Gewicht und den Schenkeln auch die Zügel einsetzen, um mich dem Tier verständlich zu machen. Grundsätzlich ist es wichtig, dass ich gleichzeitig mit beiden Zügeln arbeite. Das Pferd lernt bei mir von Beginn an die Kombination von indirektem und direktem Zügel kennen. So liegt z.B. bei

Snaffle Bit

einer Richtungsänderung der Außenzügel als indirekter Zügel am Hals an. Dann erst nehme ich den Innenzügel als direkten Zügel an.

Für ein Turnierpferd ist es wichtig, das Gebiss zu kennen und die Einwirkungen übers Gebiss zu verstehen. Denn die Prüfungen für Pferde ab fünf Jahre werden nur auf Kandare, also mit Gebiss, geritten. Zudem bin ich der Meinung, dass man ein Pferd mit einer Wassertrense, also dem Snaffle Bit, besonders gut gymnastizieren, stellen und biegen kann – besser als mit einer gebisslosen Zäumung. Als alleinige Bremse – wie es immer wieder zu sehen ist – kann und darf ein Gebiss nicht eingesetzt werden. *In der Regel unterstützen die Zügelhilfen nur die anderen reiterlichen Einwirkungen.* Mein Ziel ist es, ein Pferd später ohne Zügeleinwirkung reiten zu können.

Vorsicht: Das einfach gebrochene Snaffle Bit ist kein harmloses Gebiss, denn es erzeugt bei falscher Handhabung den so genannten Nussknackereffekt: Der Unterkiefer wird bei zu starkem Druck gequetscht, und das Gelenk in der Mitte des Mundstückes drückt gegen den Oberkiefer. Das ist für das Pferd sehr schmerzhaft.

Andererseits liegt ein Snaffle Bit ruhig im Maul und macht einem jungen Pferd bei richtigem Einsatz die Reiterhilfen leichter verständlich als z.B. ein Sidepull. Aber auch hier kommt es auf das richtige Gefühl fürs Zügelmaß und fürs Timing an.

Bei jungen Pferden hat das Snaffle Bit klare Vorteile gegenüber der ungebrochenen Stange. Die starre Stange eignet sich nicht für Biegeübungen. Wenn ich das Snaffle Bit z.B. links annehme, bewegt sich überwiegend die linke Hälfte des Mundstückes, sodass ich sehr gezielt einseitig einwirken kann. Zusätzlich zum Zug auf die linke Seite des Pferdemauls drückt der rechte Trensenring leicht gegen den Pferdekopf und weist dem Pferd so ebenfalls den Weg nach links. Eine Stange würde sich beim einseitigen Zug im Maul verkanten, und das Pferd wüsste nicht mehr genau, was ich ihm mitteilen möchte. Ich benutze das Snaffle Bit so gerne bei jungen Pferden, weil es sehr beweglich ist und von den meisten Pferden gut angenommen wird. Ich konnte damit schon oft „weiche" und „leichte" Pferdemäuler entwickeln bzw. ihre Sensibilität wieder herstellen.

Für die Größe der Trensenringe gilt: Je größer sie sind, desto geringer ist das Risiko, dass das Mundstück durch das Pferdemaul gezogen wird, falls eine Zügelhilfe mal länger gehalten werden muss. Daneben haben große Ringe den Vorteil, dass der Druck auf der Außenseite des Pferdemauls breit verteilt wird.

Es gibt auch doppelt gebrochene Snaffle Bits, deren Wirkung zwar weicher ist, da bei ihnen der Nussknackereffekt nicht auftreten kann. Sie geben die Reiterhilfen allerdings diffuser weiter als einfach gebrochene Snaffle Bits. Für Anfänger ist ein doppelt gebrochenes Snaffle Bit eine gute Lösung, da eine schlecht dosierte Zügelhilfe für das Pferd weniger unangenehm ist. Ich bevorzuge aber das einfach gebrochene Snaffle Bit wegen seiner präziseren Wirkung und halte es für eine sinnvolle Ausbildungszäumung.

Von links nach rechts:
Snaffle Bit, Snaffle mit Shanks, Kandare

Wie breit und dick sollten Trensen- und Kandarengebisse sein?

- Die Breite des Gebisses muss natürlich der Breite des Pferdemauls entsprechen – das heißt, dass das Gebiss für ein kleines Westernpferd in der Regel schmaler sein muss als für einen typischen großen Warmblüter. Das Gebiss sollte rechts und links etwa einen halben Zentimeter aus dem Maul herausragen. Ein schmaleres Gebiss würde das Pferdemaul einzwicken.
- Für die Dicke des Gebisses gilt die Faustregel: Je feiner die Zügelhand ist, desto eher ist ein dünnes Gebiss vertretbar. Das Gebiss sollte an den Mundwinkeln aber auf jeden Fall einen Durchmesser von mindestens einem Zentimeter haben, da es sonst zu scharf wirkt. Selbstverständlich muss das Gebiss auch von der Dicke her zum Pferdemaul passen. Eine normale Warmbluttrense ist für ein Quarter Horse in der Regel zu dick.

Kandaren-/ Stangengebisse

Snaffle mit Shanks

Dieses Gebiss verwende ich zur Umstellung vom Snaffle Bit auf die ungebrochene Kandare. Es ist gebrochen wie das Snaffle Bit, hat aber eine Kinnkette und Anzüge wie das ungebrochene Stangengebiss. Mit dem Snaffle mit Shanks kann ich das Pferd im Training noch beidhändig reiten und gut gymnastizieren, stellen und biegen. Gleichzeitig lernt es bereits, dem Druck aufs Genick und über die Kinnkette nachzugeben. Die einhändige Zügelführung erscheint mir mit diesem Gebiss für das junge Pferd und den mit dieser Zügelführung noch nicht vertrauten Reiter leicht erlernbar. Grundsätzlich gehören Kandaren ausschließlich in erfahrene Reiterhände.

Kandare mit offenen Split Reins

Kandare mit geschlossenen Romal Reins

Ungebrochene Stangengebisse

Wenn ich zur starren Kandare übergehe, muss das Pferd bereits so weit ausgebildet sein und so fein auf meine Schenkel-, Stimm- und Gewichtshilfen reagieren, dass ich das Gebiss eigentlich nicht mehr einsetzen muss – vor allem nicht zur Geschwindigkeitskontrolle.

Die Zügelhilfen kommen bei der Kandare wesentlich stärker im Pferdemaul an als bei einer Wassertrense – besonders dann, wenn die Anzüge sehr lang sind und/oder wenn das Gebiss eine sehr hohe Zungenfreiheit hat. (Als Zungenfreiheit bezeichnet man die mehr oder weniger hohe Wölbung in der Mitte des Gebisses.) Ich reite meine Kandarenpferde im Gelände und im Training fast nur mit Wassertrense. Die Kandare kommt hauptsächlich auf Turnieren zum Einsatz.

Die Kandare hat in der Hand von Anfängern oder ungeübten Reitern wegen ihrer schnellen und scharfen Wirkung nichts verloren. Als einzige Ausnahme lasse ich den Sicherheitsaspekt gelten, wenn ein Pferd im Gelände zum Durchgehen neigt und sich immer wieder aufs Snaffle Bit legt – wenn also das Maul zum fünften Bein wird, wie es bei vielen Pferden mit Vorliebe unter jugendlichen Reitern passiert. In so einem Fall können möglicherweise mit der Kandare Unfälle vermieden werden. Wenn ein Pferd zum Durchgehen neigt, ist das allerdings immer ein Zeichen dafür, dass bei der Bodenarbeit und bei der bisherigen Ausbildung Fehler gemacht wurden. Also gilt auch hier: einen Schritt zurück, um das Pferd auf die Hilfen des Reiters einzustellen. Die Kandare sollte vernünftigerweise nur dann benutzt werden, wenn Pferd und Reiter hierfür ausgebildet sind, also eine abgeschlossene Basisausbildung haben.

Die Kandarenzäumung erleichtert die Korrektur von Pferden, da sie neben dem Druck auf Maul, Maulwinkel und Laden vor allem auch Druck auf das Genick und das Kinn ausübt. Dadurch ist diese Zäumung für viele Pferde leichter zu verstehen und bringt sie leichter zum Nachgeben. Es gibt tatsächlich Korrekturpferde, die ich erst auf Snaffle mit Shanks reite, bis sie mir aufmerksam zuhören und in Hals und Maul weich nachgeben, bevor ich wieder zum Snaffle Bit übergehe. Leider übersehen und vergessen aber viele Reiter, dass man wieder zur sanfteren Zäumung zurückgehen muss, wenn das Pferd verstanden und gelernt hat, auf die Zügeleinwirkungen zu reagieren. Jeder Reiter solle darauf hin arbeiten, sein Pferd möglichst ohne Zügeleinwirkung zu reiten.

Wie das Pferd im Maul nachzugeben lernt

Bei der Ausbildung mit Gebisszäumung lernt das Pferd – wie beim Schenkel –, dem Druck im Maul nachzugeben und dem angenommenen Zügel zu folgen. Wie empfindlich ein Pferd im Maul reagiert, hängt nicht nur von seiner Ausbildung ab. Ich glaube aber, dass Pferde hier genauso empfindlich sind wie wir Menschen. Wir müssen uns nur einmal vor Augen halten, wie schmerzhaft es ist, wenn der Zahnarzt mit seinen Metallgeräten gegen unsere Zähne stößt. Das wird sich für das Pferd beim Auftrensen nicht anders anfühlen. Daher ist es unsere Pflicht, das Pferd so gut zu erziehen, dass wir ihm problemlos das Gebiss einlegen können, ohne dass das Metall gegen seine Zähne schlägt. Das heißt, das Pferd muss gelernt haben, den Kopf tief zu halten und das Maul zu öffnen (siehe auch Seite 42). Falsch sitzende Gebisse und Zahnprobleme sind übrigens sehr häufig der Grund dafür, dass manche Pferde mit dem Kopf schlagen und/oder unwillig auf dem Gebiss kauen.

Die gute Reiterhand und das weiche Pferdemaul werden durch das Gefühl in der Hand bzw. bei der Zügelführung und durch exaktes Timing bestimmt. Das Pferd lernt bei jeder Zügelhilfe. Ist diese leicht und wird sie zum richtigen Zeitpunkt gegeben, wird das Pferd prompt und ohne Widerstand folgen. Wenn die Hilfen zu oft zum falschen Zeitpunkt kommen, also nicht auf das Abfußen der Beine abgestimmt sind, oder zu lange anhalten, kann das Pferd sie nicht verstehen: Es gerät aus der Balance und macht sich im Körper und im Maul fest. Das kann man z.B. bei so genannten Schulpferden sehen. Wir sprechen dann von einem „harten Maul", obwohl es sich eigentlich um ein trainiertes Maul handelt – um eine Reaktion auf ein falsches Zügelmaß ohne Gefühl für den richtigen Zeitpunkt und die Stärke der Einwirkung. *Es hängt also vom Reiter ab, wie sensibel ein Pferd im Maul ist.*

Wenn ein Pferd besonders leicht und fein reagiert, ist das für den Reiter der Beweis dafür, dass er schnell genug und zum richtigen Zeitpunkt nachgegeben hat. Es gibt Pferde, bei denen das Schließen der Hand und das Öffnen der Finger als Zügelhilfe ausreicht. Bei anderen, etwas zäheren Pferden muss der Reiter die Hand schon mal fest stehen lassen – dann aber deutlich nachgeben, indem er die Hand eine Handbreit nach vorne schiebt.

Nachgeben am Gebiss: Das Pferd lernt, dass es sich selbst vom Zug befreien kann, indem es Kopf und Hals nach links nimmt.

Ist das Pferd in der Ausbildung schon weiter fortgeschritten, muss der Reiter ihm die Zeit lassen, selbst herauszufinden, wie es sich von dem Druck befreien kann. Bis es diesen Weg gefunden hat, bleibt die Hand stehen – wobei sie keinesfalls ziehen darf! Sobald das Pferd auch nur minimal nachgibt, hat es sich praktisch selbst vom Druck befreit. Der Reiter muss dabei gar nicht viel tun. Um dem Pferd dieses Prinzip verständlich zu machen, verkürze ich zu Anfang nur einen Zügel (z.B. den linken) so weit, bis der Hals sich etwas nach links biegt. Der rechte Zügel hängt dabei durch. Wenn das Pferd den Kopf nun nach links nimmt, also dem Zug nachgegeben hat, lasse ich zur Belohnung auch den linken Zügel los. Später halte ich den linken Zügel für ca. 20 Sekunden fest. Das Pferd wird herausfinden, dass es sich selbst vom Druck befreit, wenn es den Kopf etwas weiter nach links nimmt.

Wenn das Pferd die Erfahrung gemacht hat, dass es nachgeben kann, begreift es dieses Prinzip von ganz alleine. Von diesem Moment an wird es nicht mehr nötig sein, richtig Druck aufzubauen. Denn das Pferd hat gelernt, dass es lernen kann – es hat gelernt zu verstehen. Die Antwort auf ein Aufnehmen des Zügels wird ein Nachgeben sein. Jetzt können auch beide Zügel gleichzeitig aufgenommen werden. Hat das Pferd den Kopf gesenkt und dem Gebiss nachgegeben, lasse ich zur Belohnung wieder los. Im Laufe der nächsten Tage gebe ich immer weniger nach. Das Pferd weiß nun bereits, dass der Zügeldruck wegfällt, wenn es selbst nachgibt. Also wird es beim Aufnehmen der Zügel von selbst im Maul nachgeben.

Hilfszügel

Viele Westernreiter verwenden ein Tie Down. Dieser Hilfszügel besteht aus einem Ring um die Pferdenase, von dem ein Riemen zwischen den Vorderbeinen hindurch zum Sattelgurt führt. Wie der Stoßzügel soll das Tie Down verhindern, dass das Pferd mit dem Kopf schlägt. Doch mit dem Einsatz dieses Hilfszügels werden die Ursachen des Problems nicht abgestellt – z.B. Zahnprobleme, Schmerzen im Nacken, Satteldruck o.ä. Das Tie Down nimmt dem Pferd nur die Möglichkeit, sein Unbehagen zu zeigen. Ich benutze kein Tie Down, weil es meiner Meinung nach nur der Vertuschung von schlechter Reiterei dienen soll.

Ausbindezügel und Dreieckszügel verwende ich ebenfalls nicht.

Der Schlaufzügel gehört nur in erfahrene Reiterhände und sollte auch von guten Reitern nur bei extremen Problempferden wie Steigern eingesetzt werden. Alle anderen Schwierigkeiten kann ein guter Reiter auch ohne Schlaufzügel korrigieren. Wer sich für die Ausbildung genügend Zeit nimmt, muss das Pferd nicht mit Hilfe eines Schlaufzügels in die richtige Haltung reiten.

Ein gleitendes Martingal kann dann hilfreich sein, wenn der Reiter noch unsicher ist und ein junges, unerfahrenes Pferd hat – vor allem im Gelände. Richtig verschnallt, hindert dieser Hilfszügel das Pferd am extremen Kopfhochreißen. Damit das Pferd nicht bei jeder Zügeleinwirkung in die Abwärtshaltung gezwungen wird, muss das gleitende Martingal so lang verschnallt sein, dass der Zügel zwischen Pferdemaul und Reiterhand bei natürlicher Kopfhaltung nicht geknickt wird.

Der Gummi oder Halsverlängerer zeigt dem Pferd durch leichten Druck im Genick den Weg in die Vorwärts-Abwärtsbewegung. Dabei lässt er dem Tier nach rechts und links völlige Freiheit. Ich verwende den Halsverlängerer gelegentlich beim Longieren. Auch bei unsicheren Reitern, die ihre Pferde noch nicht vorwärts-abwärts reiten können, kann der Einsatz dieses Hilfszügels sinnvoll sein. Doch auch der Halsverlängerer darf nur zu Beginn der Ausbildung als Hilfsmittel verwendet werden, da sonst die Gefahr besteht, dass sich das Pferd auf die Vorhand stützt.

Manche Westernreiter binden ihre Pferde beim Longieren aus, indem sie die Zügel zwischen den Vorderbeinen hindurchführen und oben am Sattel festbinden. Von dieser Methode halte ich überhaupt nichts. Wenn das Pferd stolpert, kann es sich dabei die Zunge verletzen. Falls man das Ausbinden mit den Zügeln wirklich für nötig hält, kann man die Zügel außen an der Schulter vorbeiführen und ihre Enden jeweils am gleichseitigen Steigbügel festbinden. Der Steigbügel ist so flexibel, dass er der Bewegung folgen kann – aber auch so schwer, dass er das Pferd im Maul stört, wenn es den Kopf zu hoch nimmt. Erst wenn sich der Kopf in der richtigen Stellung befindet, hängen die Zügel locker am Steigbügel.

Der Westernsattel

Passt der Sattel dem Pferd?

Beim Sattel – egal für welche Disziplin – ist es besonders wichtig, dass er dem Pferd passt. Ist er zu klein, beengt er das Pferd an der Schulter, drückt im Nierenbereich oder liegt auf dem Widerrist bzw. reibt auf der Wirbelsäule. Zu groß darf der Sattel aber auch nicht sein – sonst kann er ebenfalls auf dem Widerrist aufliegen. Dieses Problem lässt sich jedoch oftmals durch ein zweites Pad beheben. Die Verwendung von zwei Pads kann sinnvoll sein, weil sich die Rückenmuskulatur eines Pferdes fast permanent verändert – und zwar nicht nur im Laufe der Ausbildung, sondern auch durch den Wechsel der Jahreszeiten. Im Sommer sind viele Pferde auf den Weiden und werden etwas voller. Im Winter werden die Tiere meist nicht so stark gearbeitet und bauen dementsprechend Muskeln ab. Schon kann der im Sommer noch passende Sattel zu groß sein.

Grundsätzlich ist ein zu großer Sattel weniger problematisch als ein zu kleiner. Wie sich das Pferd unter einem nicht hundertprozentig sitzenden Sattel fühlt, kann man sich leicht vorstellen, wenn man an schlecht passende Schuhe denkt: Sind sie zu klein, bereiten sie einem permanent Unbehagen und auf Dauer Schmerzen. Wenn sie etwas zu groß sind, kann man da-

Korrekt sitzender Sattel mit Doppelgurtung und Vorderzeug

gegen recht leicht Abhilfe schaffen, indem man ein zweites Paar Socken anzieht. Dadurch passen die Schuhe zwar nicht optimal, aber zumindest drücken sie nicht.

Unarten des Pferdes beim Satteln wie Ohrenanlegen, Schnappen nach dem Menschen, Schlagen oder auch Wegtänzeln können Anzeichen dafür sein, dass entweder der jetzige Sattel nicht richtig passt – meist ist er zu klein – oder dass der vorherige Sattel und/oder das Satteln dem Pferd in schmerzlicher, unangenehmer Erinnerung sind.

Das ganze Thema „richtiger Sattel" erscheint mir allerdings zu wichtig, als dass ich es in diesem Buch umfassend abhandeln möchte. Ich kann nur jedem empfehlen, sich bei einem – oder am besten bei mehreren – Experten kompetenten Rat zu holen und den Sattel vor dem Kauf unbedingt ausführlich Probe zu reiten, um herauszufinden, ob er Pferd und Reiter passt und bequem ist. Auf keinen Fall sollte man einen Sattel nach einer Runde im Schritt kaufen.

Grundsätzlich sollte der Sattel gleichmäßig auf den Rückenmuskeln des Pferdes aufliegen. Die Wirbelsäule darf auf keinen Fall belastet werden, damit sich das Pferd frei bewegen kann. Auch an den Schultern und in der Nierengegend muss der Sattel dem Pferd genügend Bewegungsspielraum bieten. Es gibt mittlerweile sehr gute Sattel-Test-Systeme, die über die genaue Passform auf dem Pferd Auskunft geben können. Ansonsten ist es eine bewährte Möglichkeit, den Sitz eines Sattels zu überprüfen, indem man das Pferd zum Schwitzen bringt. Ist es in der Sattellage überall (natürlich außer im Wirbelsäulenbereich) gleichmäßig nass, kann man davon ausgehen, dass der Sattel passt. Überall dort, wo die ansonsten nass geschwitzte Sattellage trocken ist, hat der Sattel gedrückt. Diese Methode funktioniert aber nur, wenn der Rücken des Pferdes wirklich vollkommen nass ist und wenn das Pferd gut bemuskelt und in gutem Trainingszustand ist. Die beschriebene Methode kann nur als Faustregel gelten. Bleiben bestimmte Stellen unter dem Sattel immer auffällig trocken, so sollte man sie von einem Fachmann begutachten lassen.

Besonders bei kurzen Pferden ist darauf zu achten, dass der Vordergurt nicht zu weit vorne zu liegen kommt, damit das Pferd in seiner Beinfreiheit nicht eingeschränkt wird. Glücklicherweise bieten die Westernsättel hier durch verschiedene Gurtanbringungen viele Variationsmöglichkeiten.

Ein Vorderzeug stabilisiert den Sattel zusätzlich, doch fürs normale Training braucht man es normalerweise nicht. Im Gelände oder beim Cutting kann es dagegen durchaus sinnvoll sein, den Sattel mit einem Vorderzeug zusätzlich zu fixieren.

Und nochmals mein Rat: Lassen Sie sich beim Sattelkauf unbedingt von einem guten Fachmann beraten!

Passt der Sattel dem Reiter?

Der Sattel sollte natürlich nicht nur dem Pferd passen, sondern auch dem Menschen. Der Reiter sollte sich weder hinten anlehnen noch zwischen Horn und Cantle (Hinterzwiesel) eingeklemmt sein. In einer solchen Position kann man nämlich weder bequem und locker sitzen noch exakte Hilfen geben. Zu große Sättel sind ebenfalls nicht optimal: Unerfahrene Reiter rutschen auf ihnen hilflos herum.

Die Steigbügel sollten unbedingt zu den Füßen des Reiters passen. Sie dürfen auf keinen Fall zu klein sein, sodass die Füße des Reiters eingeklemmt werden. Sind sie zu groß, so kann der ganze Fuß bis über die Hacke durch die Steigbügel rutschen. Das kann lebensgefährlich sein, weil es bei den Westernbügeln keine Sicherheitsverschlüsse gibt, wie sie bei manchen englischen Modellen erhältlich sind. Um die Gefahr des Hängenbleibens zu verringern, sollte man unbedingt den kleinen Sicherheitsriemen über dem Steigbügel festschnallen, damit sich der Bügel nicht aufstellen kann.

Reiter mit kurzen Beinen sollten darauf achten, dass die Fender nicht zu lang sind. Lange Fender können bei kleinen Reitern zu Kniebeschwerden führen und schränken außerdem die Bewegungsfreiheit der Beine ein.

Welche Sitzfläche man bevorzugt, hängt vom Geschmack des Reiters ab. Ein Wildledersitz gibt dem Reiter mehr Halt, ein Glattledersitz erleichtert die Beweglichkeit des Reiters z.B. beim Cutting oder beim Anreiten junger Pferde. Auch beim Aufbau des Sitzes kann der Reiter je nach seinen persönlichen Vorlieben zwischen verschiedenen Varianten wählen. Ich reite gerne in schmalen Sätteln, die so lang sind, dass ich genug Bewegungsfreiheit habe. Mit Sätteln, auf denen ich mich fühle, als würde ich auf einem Fass sitzen, kann ich nicht viel anfangen. Sie eignen sich aber z.B. fürs Roping, bei dem der Reiter fast nur in den Steigbügeln steht und schnell aus dem Sattel kommen muss.

Probieren Sie vor dem Kauf unbedingt verschiedene Sättel aus!

Es würde den Rahmen dieses Buches sprengen, alle verschiedenen Satteltypen detailliert zu beschreiben. Ich möchte die am häufigsten verwendeten Typen daher nur kurz vorstellen. Wenn Sie sich genauer informieren möchten, sollten Sie sich entsprechende Fachliteratur zulegen.

Der Ropingsattel

Dieser schwere Arbeitssattel wurde fürs Rindereinfangen mit dem Lasso entwickelt. Er hat einen flachen, breiten Sitz, ein dickes Horn, einen Hintergurt und üblicherweise breite Steigbügel.

Der Cuttingsattel

Auch der Cuttingsattel ist ein Arbeitssattel, jedoch mit einem hohen, schmaleren Horn, sehr beweglichen Fendern und Steigbügeln in den verschiedensten Ausführungen, die oft auch rund geformt sind. Der Sitz ist relativ flach und größer als beispielsweise bei Reiningsätteln. Cuttingsättel haben fast immer einen Hintergurt; sie eignen sich besonders gut für schnelle Ritte und rasante Wendungen.

Der Reiningsattel

Grundsätzlich empfehle ich Westernreitern, die sich vorerst nicht auf eine bestimmte Disziplin spezialisieren möchten, den Kauf eines Reiningsattels. Er gilt als Vielseitigkeitssattel der Westernreiter und ist für fast alle Einsatzzwecke zu gebrauchen. Meist hat er einen angenehm schmalen und tiefen Sitz, leicht bewegliche Fender und ein mittelgroßes Horn. Der Schwerpunkt befindet sich genau in der Mitte des Sattels. Die Steigbügel sind flach und nicht so breit wie z.B. beim Ropingsattel. Manche Reiningsättel sind mit Silberbeschlägen oder Lederverzierungen versehen, und einige Modelle haben einen Hintergurt.

Der Showsattel

Dieser schwere Turniersattel für Trail, Pleasure und Horsemanship hat einen tiefen Sitz und wenig bewegliche Fender. Steigbügel und Horn sind meist breiter und größer als beim Reiningsattel. Showsättel sind oft reichlich mit Silber verziert. Sie eignen sich vor allem für ruhiges Reiten in den Grundgangarten, da der Sitz des Reiters stark vorgegeben ist.

Der Barrel Racer

Dieser kleine, leichte Sattel mit flachem Sitz ohne Schwerpunkt wurde für die Renndisziplinen entwickelt. Er hat ein kleines, schmales Horn und kurze Fender, da der Reiter bei Rennen meist in den Steigbügeln steht. Oft ist der Sattel hinten abgerundet.

Muss es ein Westernsattel sein?

Zu den großen Vorteilen des Westernsattels gehört seine breite Auflagefläche, die zu einer guten Gewichtsverteilung auf dem Pferderücken führt. Dadurch kann der Reiter sein Gewicht deutlicher als in einem englischen Sattel verlagern und dem Pferd somit beispielsweise helfen, leichter unter das Reitergewicht zu treten. Wer also western reiten möchte, kommt um einen Westernsattel im Grunde nicht herum, weil sehr viele Hilfen auf die spezielle Gewichtsverteilung dieses Satteltyps abgestimmt sind. Außerdem findet der Reiter durch die breiten Fender und durch die Platzierung der Fenderaufhängungen leichter die richtige Beinposition. Denn das Bein des Reiters liegt durch die Konstruktion des Westernsattels wesentlich stabiler und passiver am Pferd, als dies im englischen Reitstil üblich ist.

Fazit: Wer wirklich western reiten möchte, braucht einen guten Westernsattel, um vernünftig trainieren zu können.

Die Kleidung des Reiters

Schuhe und Stiefel

Ob der Reiter hohe Schnürschuhe oder Stiefel trägt, bleibt seinem persönlichen Geschmack überlassen. Schnürschuhe schützen die Fußknöchel besser als hohe Stiefel. Die Schnürschuhe müssen unbedingt über die Knöchel reichen, damit diese gestützt werden und man nicht im Bügel umknicken kann. Ich selbst trage gerne sehr hohe Schnürschuhe, die so genannten Lacer-Boots, weil bei ihnen der Schuhrand nicht am Sattelblatt aufstocken kann. Auf jeden Fall muss der Schuh oder Stiefel einen Absatz haben – und der muss mindestens einen Zentimeter hoch sein, damit der Fuß nicht durch den Steigbügel rutschen kann.

Auf keinen Fall dürfen die Schuhe so voluminös sein, dass sie im Bügel eingequetscht werden. Im Hackenbereich sollten sich bequem Sporen so anbringen lassen, dass sie nicht verrutschen können.

Das Schuhmaterial sollte so fest sein, dass der Schuh auch mal einen Huftritt aushalten kann bzw. diesen für den menschlichen Fuß abpuffert. Aus diesem Grund eignen sich dünne Lederschuhe oder Leinenturnschuhe überhaupt nicht für die Arbeit rund ums Pferd. Auch wenn man nur mal kurz longieren oder sein Pferd auf die Koppel bringen möchte, sollte man festes, trittsicheres Schuhwerk anziehen.

Hosen

Ich trage am liebsten Jeans, die an den Innenseiten flache, schmale Nähte haben, damit das Bein nicht aufgescheuert wird. Die Jeans sollten nicht zu eng sitzen, damit man genügend Bewegungsfreiheit hat und gut und schnell auf- und absteigen kann. Wenn die Hosenbeine zu kurz sind, kann es leicht passieren, dass sie beim Reiten an der Wade noch weiter nach oben rutschen. Deswegen tragen Westernreiter oft scheinbar viel zu lange Jeans, die sich beim Gehen „aufschoppen“. Auf dem Pferd haben sie dann genau die richtige Länge. Natürlich kann man als Westernreiter auch in einer normalen Reithose im Westernsattel reiten, wenn man nicht so viel Wert auf die stilgerechte Westernkleidung legt.

Ein typisches Kleidungsstück der Westernreiter sind die Chaps. Diese ledernen Überhosen ohne Gesäßteil schützen die Beine der Cowboys vor Dornen, Zweigen und Witterungseinflüssen. Auf Turnieren sind die Chaps allerdings mehr und mehr zu Modeaccessoires geworden, die Jeans sind dort vorgeschrieben.

Die Oberbekleidung

Auch bei der Oberbekleidung kommt es in erster Linie auf die Bequemlichkeit und die Sicherheit an. Zu weite Schlabberpullis oder -shirts können sich am Sattelhorn verfangen. Beim Unterricht nehmen sie dem Reitlehrer außerdem die Möglichkeit, feine Sitzkorrekturen vorzunehmen, weil er die Haltung des Reiters nicht genau erkennen kann. Daher sollte man zumindest beim Unterricht Hemden oder Pullover tragen, die man in die Hose steckt. Grundsätzlich muss man darauf achten, dass man mit der Oberbekleidung nirgendwo hängen bleiben kann.

Bei den verschiedenen Turnierdisziplinen gelten natürlich Bekleidungsregeln, auf die ich hier aber nicht im Einzelnen eingehen möchte.

Die Kopfbedeckung

Wer viel draußen reitet, sollte eine Kopfbedeckung tragen. In der Westernreiterei sind Reitkappen bzw. -helme ziemlich selten zu sehen. Viele Westernreiter tragen Westernhüte, die mit ihrer breiten Krempe nicht nur Schutz vor Sonne, sondern auch vor Regen bieten. Andere bevorzugen Schirmmützen.

Wenn ich nicht auf dem Turnier bin, reite ich am liebsten mit einer Schirmmütze, die meine Augen und meinen Kopf vor der Sonne schützt. Jugendliche Reiter und Anfänger sollten im Gelände immer einen Reithelm tragen.

Im Sattel

Bevor es mit dem Reiten losgeht, muss erst einmal geklärt werden, wie man richtig in den Sattel kommt – und wie man dort korrekt sitzt, sodass eine feine und exakte Einwirkung aufs Pferd möglich ist.

Balanceakt:
Ausrichten am Sattelhorn

Das Aufsteigen

Beim Aufsteigen gilt: Kopf zu Kopf – Hintern zu Hintern. Der Reiter steht so, dass er in die gleiche Richtung blickt wie sein Pferd. So kann er sehen, wie sich das Pferd verhält. Legt es die Ohren an, oder ist seine Aufmerksamkeit vielleicht ganz woandershin gerichtet? Wenn man so steht, dass man in Richtung Schweif blickt, bekommt man all das nicht mit und kann unangenehm überrascht werden.

Diese Position hat noch einen weiteren Vorteil: Dadurch, dass der Reiter in Laufrichtung des Pferdes steht, kann er seinen Fuß ganz schnell wieder aus dem Bügel ziehen, wenn er sieht, dass das Pferd weglaufen will. Folglich vermindert sich die Gefahr, überrannt oder womöglich sogar mitgeschleift zu werden.

So wird's gemacht

Ich gehe hier davon aus, dass der Reiter von der linken Seite aufsteigt. Man sollte aber bei jedem Pferd auch rechts auf- und absitzen können, weil das in schwierigem Gelände oder aus anderen Gründen durchaus einmal notwendig sein kann. Das Führen und Aufsitzen von links hat seine Ursprünge übrigens in der Kavallerie: Links trugen die Kavalleristen den Degen, weswegen sie nur das rechte Bein über den Pferderücken schwingen konnten.

Sie stehen also links neben dem Pferd, halten die Zügel in der linken Hand und stellen Ihren linken Fuß in den Steigbügel. Sollte der Sattel zum Rutschen neigen, können Sie mit der rechten Hand über den Sattelbaum greifen und den rechten Steigbügel nach unten ziehen, während Sie sich in den Sattel schwingen. Wenn das nicht möglich ist, sollten Sie jemanden bitten, am rechten Steigbügel gegenzuhalten.

Es ist wichtig, dass man den Sattel beim Aufsitzen nicht nach links hinunterzieht, sondern den Oberkörper mit Schwung über den Widerrist bringt und langsam und weich im Sattel einsitzt. Sollte der Sattel dabei doch ein wenig verrutschen, kann man ihn wieder in die richtige Position rücken, indem man kräftig in den rechten Steigbügel tritt.

Ausrichten am Sattelhorn

Junge Pferde und solche mit Problemen bereite ich auf das Aufsteigen vor, indem ich vom Boden aus das Sattelhorn einmal von mir wegdrücke und es anschließend einmal zu mir herziehe. Um sich auszubalancieren, stellt das Pferd seine Beine nun etwas weiter auseinander. Somit steht es stabiler und braucht zum Ausbalancieren keinen Ausfallschritt mehr zu machen, wenn ich aufsteige.

Auf geht's: Beim Aufsitzen blicke ich in die gleiche Richtung wie mein Pferd.

Wichtig: das Stillstehen

Beim Aufsteigen sollte das Pferd ruhig am langen Zügel stehen. Dabei darf der Zügel allerdings nicht bis zum Boden hängen, sondern muss so lang bzw. kurz sein, dass der Reiter das Pferd notfalls bei einer Vorwärtsbewegung unverzüglich korrigieren und zurücknehmen kann.

Vor allem junge Pferde neigen anfangs dazu, beim Aufsitzen herumzuzappeln. In einem solchen Fall lasse ich den linken Fuß im Bügel und bleibe mit dem rechten Bein auf dem Boden stehen – und zwar so lange, bis das Pferd ruhig steht. Erst dann sitze ich auf. Auf keinen Fall sollte man sich auf das bereits loslaufende Pferd schwingen, nur weil es nicht ruhig stehen kann. Das mag sportiv aussehen, hat aber nichts mit konsequenter Erziehung zu tun.

Sicherheitsmaßnahme: Beim Absitzen bleibt mein linker Fuß so lange im Bügel, bis ich mit dem rechten Fuß sicher auf dem Boden stehe.

Das Absitzen

Beim Absitzen bleibt der Fuß des Reiters auf der Seite, zu der er absteigt, so lange im Bügel, bis er mit dem anderen Fuß auf dem Boden steht. Das ist aus Sicherheitsgründen sehr wichtig. Viele Reiter lassen sich einfach seitwärts aus dem Sattel gleiten und laufen dabei Gefahr, mit ihrer Kleidung am Sattelhorn hängen zu bleiben. Durch das eigene Gewicht kommt man in so einem Fall nur schwer wieder los, und es kann zu Unfällen und Verletzungen kommen. Solange noch ein Fuß im Bügel ist, kann man sich – wenn nötig – entweder wieder aufs Pferd schwingen oder sich weit genug vom Pferd wegstemmen, um sich aus der Situation zu befreien.

Der Sitz

Es ist sehr wichtig, einen ausbalancierten Sitz zu erlernen. Denn das Gesäß ist schließlich der Hauptberührungspunkt, an dem das Pferd den Reiter am intensivsten spürt – bis hin zur kleinsten Muskelzuckung. Nur wenn der reiter wirklich in der Lage ist, im Gesäß entspannt zu bleiben und unabhängig davon seine Schenkelhilfen zu geben, kann das Pferd seine Hilfen verstehen.

Wenn der Reiter sein Gesäß anspannt, überträgt er damit seine Energie aufs Pferd – wobei das Tier nicht zwischen Anspannung und Verspannung unterscheiden kann. Das Pferd weiß nicht, ob hinter der Spannung eine Absicht des Reiters steht, er also eine Hilfe geben möchte, oder ob er sein Gesäß versehentlich anspannt, etwa aus Angst. Deshalb ist es so wichtig, dass der Reiter entspannt sitzen kann – denn sonst kommt es unweigerlich zu Missverständnissen.

Ich sitze nicht nur auf meinen beiden Gesäßknochen. Mein Hauptgewicht ruht auf den Pobacken, praktisch auf den unteren Nähten der hinteren Hosentaschen. Im Gegensatz zum klassischen Dressurreiter, der sein Becken leicht nach vorne aufrichtet, kippe ich mein Becken ein bisschen nach hinten – allerdings nicht zu sehr, damit ich noch Spielraum für Beckenbewegungen habe, wie ich sie beispielsweise bei Geschwindigkeitsregelungen brauche. Ich versuche so entspannt wie möglich zu sitzen, wobei der Oberkörper gerade bleibt. Mein restliches Gewicht wird von meinen Oberschenkeln mitgetragen. Die Knie liegen zwar am Pferd, aber ohne jeglichen Druck. Bei bestimmten Schenkeleinwirkungen sind sie sogar offen, stehen also regelrecht vom Sattel ab.

In der korrekten, entspannten Sitzhaltung können die Unterschenkel frei und locker herunterhängen und am Pferd liegen. Die Position der Unterschenkel wird natürlich auch von der Größe von Reiter und Pferd bestimmt. Wenn ein großer Reiter ein kleines, zartes Pferd reitet, hört der lockere Schenkelkontakt kurz unterhalb des Knies auf. Das kann man bei der Hilfengebung später ausgleichen, indem man seinen Fuß beispielsweise durch Sporen verlängert.

Tempoprobleme haben ihre Ursache oft darin, dass der Reiter seine Unterschenkel nicht anlegen kann, ohne dabei auch die Oberschenkel und das Gesäß anzuspannen. Wenn der Reiter mit den Knien und/oder den Oberschenkeln zu stark klemmt, können manche Pferde bei bestimmten Übungen nur schneller werden, statt z.B. dem Schenkel zu weichen. In solchen Fällen findet eine Vermischung von Hilfen statt, die das Pferd verwirrt. Auf die Verwirrung reagiert der Reiter wiederum meist mit einer noch stärkeren Anspannung oder einem Ziehen am Zügel. Dann werden die Hilfen nicht mehr klar kombiniert, und folglich kann das Pferd sie nicht verstehen.

Für einen guten Sitz ist also nicht nur das entspannte Sitzen wichtig, sondern auch die Fähigkeit, einzelne Körperteile gezielt anzuspannen und sie unabhängig voneinander zu bewegen.

Die Fußhaltung

Ich halte den Absatz nicht tiefer als den restlichen Fuß, da sich durch das Hinunterdrücken der Ferse meine Wadenmuskulatur anspannen würde – im Extremfall sogar auch die Oberschenkelmuskulatur, was ich unbedingt vermeiden möchte. Bei fein gerittenen Pferden führt schon das leichte Anspannen der Wadenmuskeln dazu, dass sie sich schneller bewegen.

Wird der Absatz dagegen hochgezogen, rutscht meist auch das Knie hoch, und der Reiter sitzt auch in diesem Fall verkrampft.

Der Absatz sollte sich etwa auf der gleichen Höhe befinden wie der Fußballen. So kann man mit dem Bein ganz locker bis zum Absatz durchfedern, ohne die restliche Beinmuskulatur zu verkrampfen. Auf sehr kleinen Pferden kann der Absatz unter Umständen auch etwas höher liegen als der Ballen, da man sonst nicht mit der Ferse auf den Pferdebauch einwirken könnte.

Die Stellung der Fußspitzen wird ähnlich kontrovers diskutiert wie die Höhe des Absatzes. Parallel zum Pferd oder nicht – das ist hier die Frage. Wem es aus anatomischen Gründen leichter fällt, die Zehen nach außen zu drehen und wer dabei ent-

Hilfreich: Reiten ohne Sattel

Die beste Übung, um einen lockeren, nicht klammernden Sitz zu bekommen, ist das Reiten ohne Sattel. Der klammernde Reiter ist verspannt und kann deshalb den Bewegungen des Pferdekörpers nicht mit Becken und Wirbelsäule folgen. Also kommt er früher oder später ins Rutschen. Folglich ist das Reiten ohne Sattel nur mit einem entspannten, lockeren Sitz möglich.
Der Absatz eines Reiters, der ohne Sattel wirklich entspannt sitzt, liegt etwas höher als die Fußspitze. Wenn der Reiter anfängt, Spannung aufzubauen, wandert der Absatz nach unten, und der entspannte Sitz geht wird zum dynamischen Sitz. Ein solcher Sitz kann nötig sein, wenn der Reiter mit der Anspannung erreichen möchte, dass sich das Pferd schneller bewegt.

spannt und locker sitzt, der soll sie meiner Meinung nach drehen. In Turnierprüfungen muss man sich allerdings den Richtlinien anpassen und teilweise den Absatz waagerecht und die Fußspitze parallel zum Pferd halten. Doch mit der Feinheit der Hilfengebung und dem Können des Reiters hat die Stellung des Absatzes und der Zehenspitzen nichts zu tun.

Rücken und Bauch

Bei dem Versuch, vollkommen ohne Spannung auf dem Pferd zu sitzen, würde man bald vom Pferderücken rutschen. Etwas Spannung ist schon nötig – allerdings nicht hauptsächlich im Rücken, wie viele annehmen. In erster Linie ist die Bauchmuskulatur dafür verantwortlich, dass wir uns aufrecht halten und nicht zusammensacken. Daneben sorgt ein leichtes Anheben und Zurücknehmen der Schulterpartie für eine aufrechte Haltung. Durch permanentes Ausgleichen des Gewichts nach links und rechts bleibt man in der Mitte des Pferderückens und sackt nicht zur Seite weg. Das sind alles Bewegungen des Oberkörpers.

Im Training ist es mir lieber, wenn jemand eher zusammengesackt auf dem Pferd sitzt, als wenn er sich unnatürlich gerade hält. Das Ziel ist ein entspannter, lockerer Sitz, an dem ständig gearbeitet werden muss.

Wer von Natur aus ein Hohlkreuz oder Rückenprobleme hat, sollte viel Gymnastik machen* – und sich natürlich um den bestmöglichen Sitz bemühen.

Die Schultern

Eigentlich sollten die Schultern parallel und waagerecht zueinander liegen. Doch gerade bei gymnastizierenden Übungen schiebe ich eine Schulter weiter vor als die andere, um dem Pferd eine Hilfe zu verdeutlichen. Auch hier ist es wieder entscheidend, dass der Oberkörper flexibel und beweglich ist, sodass er mit den Bewegungen des Pferdes mitgehen und sie beeinflussen kann. Die Schultern müssen also frei beweglich und unverkrampft sein.

Beim Vorwärtsreiten sind die Schultern leicht angehoben, beim Stehenbleiben sinken sie schwer nach unten – und beim Geradeausreiten werden sie gerade und waagerecht gehalten. Auf gebogenen Linien müssen die Schultern zwar unbedingt waagerecht bleiben, aber nicht parallel zueinander. Wenn man z.B. einen Rechtszirkel reitet, schiebt man die rechte Schulter genauso weit nach vorne wie die rechte Hüfte. Auch bei den Bewegungen von Hüfte und Schulter zueinander muss der Reiter flexibel bleiben.

Ellenbogen und Unterarm

Der Ellenbogen muss zwar angewinkelt sein, aber nicht unbedingt im rechten Winkel. Er sollte ungefähr in Höhe der Gürtelschnalle seitlich vor dem Körper liegen und kann auch leicht abgespreizt sein – auf keinen Fall aber eng angepresst. Der Ellenbogen darf nicht hinter den Oberkörper genommen werden, weil der Reiter sonst seinen ausbalancierten Sitz verlieren würde und folglich nicht mehr korrekt einwirken könnte. Bei einhändiger Zügelführung ist das Anpressen des Ellenbogens ohnehin anatomisch gar nicht möglich.

Eine ausladende Zügelbewegung zur Seite hin geht weniger vom Schultergelenk aus als vielmehr vom Ellenbogengelenk. Dabei bewegt sich der Unterarm aus dem Ellenbogen heraus. Ein flexibler Ellenbogen und Unterarm ist wichtig, um mit dem Zügel nötigenfalls schnell und viel nachgeben bzw. ihn rasch verkürzen zu können.

Bitte Platz nehmen: Ein ausbalancierter, entspannter Sitz ist die Voraussetzung für die exakte Hilfengebung.

*Gute Anregungen zur Gymnastik für Reiter finden Sie in dem Buch „Pferdesportler fit gemacht" von Claus Chmiel (erschienen im FN Verlag)

Sitzübung:
Das Reiten ohne Sattel fördert den lockeren Sitz.

Hand und Handgelenk

Bei der beidhändigen Zügelführung richte ich die Hand und das Handgelenk lieber in Richtung Pferdemaul aus als rechtwinklig zum Ellenbogen. Bei der einhändigen Zügelführung kann die Hand sogar höher gehalten werden als der Ellenbogen. Wenn es eine Hilfe erfordert, kann ich die Hand auch aus dem Schultergelenk heraus ganz anheben. Der Reiter sollte also auch in Hand und Handgelenk flexibel bleiben und nicht erstarren.

Bei jungen Pferden nehme ich die Hände zu Beginn weit auseinander. Im Laufe der Ausbildung werden die Hände allmählich weiter zusammengeführt, bis sie sich schließlich bei der einhändigen Zügelführung treffen.

Kopf und Oberkörper

Die Augen und das Gesichtsfeld sollten immer dorthin ausgerichtet sein, wo man hinreiten möchte. Dazu gibt es einen schönen Spruch: *Wo meine Gedanken hingehen, da kann auch ich hingehen.*

Wenn der Reiter seinen Kopf dreht, folgt im Normalfall der gesamte Körper dieser Bewegung – und damit nimmt man automatisch auch das Pferd mit. Die gesamte Körperhaltung steht also in einem engen Zusammenhang mit der Kopfhaltung. Das gilt sowohl für die Neigung des Kopfes nach oben bzw. unten als auch für die Kopfdrehung nach links oder rechts. Jede Veränderung der Kopfhaltung setzt sich über die Wirbelsäule bis in den Sitz fort und kommt dort beim Pferd an. Wenn ein Reiter z.B. immer zum Boden hinunterschaut, dann verlagert sich sein gesamtes Gewicht nach vorne. Folglich kommen beim Pferd falsche Signale an: In diesem Fall wird es schneller werden.

Wenn Sie frei und weit vorausschauen, sehen Sie genau, wo Sie hinreiten, und können gut vorbereitet Ihre Hilfen geben. Denn nur wenn man vorausschauend reitet, kann man ohne Hektik seine Hilfen korrekt einsetzen – z.B. zur Steuerung um bzw. durch Hindernisse oder bei Richtungsänderungen.

Wie sich die Kopfhaltung auf die Körperhaltung auswirkt, können Sie auch im Stehen oder auf einem Stuhl sitzend trainieren: Stellen Sie sich vor, dass Sie beim Reiten die Richtung ändern und das Pferd nach links lenken wollen. Wenn Sie Ihren Kopf ganz weit nach links drehen, bewegen sich Ihre linke Schulter und die linke Hüfte wider Erwarten nach vorne. Das rechte Bein geht zurück, das linke schiebt sich vor. Das ist genau die Hilfe, mit der Sie dem Pferd klar mitteilen, dass es sich nach links bewegen soll.

Hält man den Kopf starr geradeaus, wenn man die Richtung ändern will, dann sieht man nicht, wohin man sich bewegt. Die Folge sind hektische Hilfen, da dem Reiter oft keine Zeit bleibt, die Hilfengebung genügend vorzubereiten.

Es gibt aber auch immer wieder Reiter, die zwar nach links schauen, sich dabei aber so geschickt verdrehen, dass sie dem Pferd genau die entgegengesetzten Körpersignale vermitteln. Die unten beschriebene Übung kann diesen Reitern helfen, das richtige Körpergefühl zu entwickeln und damit ihre Hilfengebung entscheidend zu verbessern.

Mein Tipp für die richtige Kopfhaltung

Es gibt eine sehr aufschlussreiche Übung zum Finden der richtigen Kopfhaltung: Lassen Sie Ihr Pferd von einem Helfer longieren, und sitzen Sie gerade und entspannt im Sattel. Schließen Sie die Augen, und strecken Sie Ihre Nase himmelwärts. Nun lassen Sie Ihren Kopf ganz langsam bis auf die Brust sinken und nehmen ihn anschließend wieder nach oben. In der Position, in der es vom Sitz- und Rückengefühl her am angenehmsten ist, machen Sie dann die Augen auf – und Sie werden garantiert gerade in Richtung Horizont über die Pferdeohren hinwegsehen und niemals auf den Hufschlag! Jetzt sitzen Sie gerade und im Gleichgewicht, und Ihr Oberkörper befindet sich in einer lotrechten Linie über Ihrem Schwerpunkt. Das Pferd kann sich nun ausbalanciert bewegen, ohne durch Ihr Gewicht gestört zu werden.

Mein Tipp für ein besseres Körpergefühl

Um linksherum einen Kreis zu reiten, halten Sie die linke Hand über dem Horn und die rechte hinten am Cantle. Die linke Hand führt das Pferd in den Zirkel, und ein Verdrehen der Hüfte ist in dieser Position schlecht möglich. Üben Sie auf beiden Seiten – rechtsherum allerdings mit den Zügeln in der rechten Hand, während die linke am Cantle liegt.

Helfen zu verstehen

Ein Pferd kann immer nur so fein geritten werden, wie es ausgebildet wurde. Deshalb ist es wichtig, erst einmal selbst ein richtig feiner Reiter zu werden, bevor man sich daran macht, einem Pferd etwas beizubringen …

Feeling und Timing

Wer ein feines Gefühl für Pferde und für die richtige Hilfengebung entwickeln möchte, der sollte zuerst einmal wirklich fein ausgebildete Tiere reiten. Dabei kann er erspüren und erleben, wie fein Reiten sein kann. Erst wenn man z.B. weiß, wie es sich anfühlt, wenn ein Pferd an den Schwerpunkt des Reiters herantritt, kann man richtig auf das Pferd einwirken. Nur wenn ein Reiter genügend Erfahrung hat, weiß er, wann er beispielsweise eine Hilfe verstärken muss und wann er nachlassen darf. Fehler sind schnell gemacht und führen dazu, dass das Pferd gar nicht „richtig“ reagieren kann.

Kauft ein unerfahrener Reiter ein langjährig ausgebildetes Pferd und reitet es ohne fachkundige Anleitung, so wird das Pferd mit der Zeit wegen der ungeübten Hilfen des Reiters abstumpfen. Mit einer guten Einweisung auf diesem Pferd kann der Reiter seine Aufmerksamkeit dahin richten, die Bewegungen des Tieres zu erspüren und ein Gefühl für die richtigen Hilfen zu entwickeln. Dann stellen sich relativ schnell Erfolgserlebnisse ein. Pferd und Reiter verstehen sich, und folglich macht das Reiten auch Spaß. Je mehr Spaß ein Reiter hat, desto besser und leichter kann er sich wiederum entspannen, ein Feingefühl für sein Pferd entwickeln und Ausbildungsstand erhalten.

Auch bei einem erfahrenen Pferd kommt man ums Üben nicht herum, doch hier gewöhnt sich ein unerfahrener Reiter seltener Fehler an, die auf unerfahrenen Pferden unvermeidlich sind. Außerdem bietet ein ruhiges, erfahrenes Pferd mit guter Ausbildung viel Sicherheit. Das ist gerade für unerfahrene Reiter bzw. Jugendliche ein wichtiger Aspekt.

Junge Pferde reagieren oft stärker auf ihre Umwelt als ältere, abgeklärtere Tiere. Deshalb kann es bei jungen Pferden eher passieren, dass sich der Reiter aus Angst verkrampft. Wenn ein unerfahrener Reiter ein junges oder nicht gut ausgebildetes Pferd kauft, sollte er es, so er verantwortungsbewusst handeln und reiterlich weiterkommen möchte, in die Hände eines erfahrenen Ausbilders geben und sich parallel dazu selbst unterrichten lassen.

Eine Hilfe allein gibt's nicht

Jede Hilfengebung ist eine Kombination der verschiedenen Mitteilungsmöglichkeiten, die dem Reiter zur Verfügung stehen. Das heißt, dass man Gewichts-, Schenkel-, Zügel- und Stimmhilfen in den verschiedensten Kombinationen einsetzt. Meist gehen all diese Hilfen ineinander über. Während ich z.B. mein Gewicht verlagere, wirke ich mit dem entsprechenden Schenkel ein, führe im fließenden Übergang die Zügel in die für das jeweilige Manöver erforderliche Position und gebe, falls nötig, vorweg oder gleichzeitig eine Stimmhilfe dazu. Die richtige Hilfengebung findet für jede Lektion in einer anderen Intensität und Reihenfolge statt.

Gewichtshilfen

Die Einwirkung übers Gewicht ist bei Richtungs- und Geschwindigkeitsänderungen die vorherrschende Hilfe.

Wohl kaum eine Hilfengebung wird so oft falsch verstanden bzw. falsch umgesetzt wie die Gewichtshilfe. Ich setze die Gewichtshilfen am Anfang der Ausbildung von Reiter und Pferd gerne übertrieben ein. Denn indem man das Tier aus dem Gleichgewicht bringt, veranlasst man es auf ganz natürliche Art und Weise, einen oder mehrere Ausgleichsschritte zu machen. Damit hat der Reiter genau das bewirkt, was er erreichen wollte: Das Pferd tritt unter das Gewicht des Reiters.

Ein korrekter, zügelunabhängiger Sitz ist die Grundvoraussetzung für den exakten Einsatz der Gewichtshilfen. Nur wenn der Reiter seinen Schwerpunkt jederzeit gezielt verlagern kann, kann er damit sein Pferd beeinflussen. Je weiter es ausgebildet ist, desto feiner können und müssen diese Hilfen natürlich sein.

Die Gewichtshilfen machen mindestens 50% aller reiterlichen Einwirkungen aus. Das Pferd lernt, dass es, um in der Balance zu bleiben, am einfachsten unter das Gewicht des Reiters tritt. Dabei werden die Gewichtshilfen von Schenkel- und Zügelhilfen unterstützt.

Um die Gewichtsverlagerung in der Rechtsvolte zu verdeutlichen, kann der Reiter in der Hüfte einknicken

Belastend, entlastend, ein- und beidseitig

Belastende Gewichtshilfen werden in erster Linie zur Verlangsamung eingesetzt. Entlastende Gewichtshilfen fordern das Pferd zum Antreten oder Rückwärtstreten auf – je nachdem, mit welchen Schenkel- und Zügelhilfen sie kombiniert werden. Einseitige Gewichtshilfen werden hauptsächlich zur Steuerung benutzt, beidseitige zur Geschwindigkeitskontrolle.

Gewichtshilfen zur Steuerung

Die seitliche – übertriebene – Gewichtshilfe fühlt sich für den Reiter so an, als wolle er beginnen, abzusteigen. Dazu verlagert man das Gewicht auf den in die Bewegungsrichtung zeigenden Fuß und damit auf den Steigbügel derjenigen Seite, zu der man „absteigen" will. In diese Richtung soll sich das Pferd bewegen. Dabei schiebt man seine Gesäßknochen im Sattel ebenfalls auf die entsprechende Seite, z.B. auf dem linken Zirkel nach links. Der Reiter kann sich diesen Bewegungsablauf erleichtern, indem er rechts in der Taille einknickt.

Wenn der Reiter sein Gewicht nach links verlagert, bewegt sich der linke (innere) Hüft- und Beckenknochen nach vorne, während der rechte (äußere) zurückgeschoben wird. Um beispielsweise links anzugaloppieren, legt man den rechten Schenkel zurück. Dabei verschiebt man sein Becken ein klein wenig nach links vorne. Möchte man geradeaus galoppieren, nimmt man den rechten Schenkel nach dem Angaloppieren wieder in die Ausgangsposition; das Becken ist wieder gerade. Möchte man dagegen linksherum einen Zirkel oder eine Volte reiten, bleibt der rechte Schenkel hinten (ca. ein bis zwei Handbreit hinter dem Gurt). Somit ist es sehr einfach, den rechten Hüft-/Beckenknochen etwas weiter hinten zu lassen; der linke wird dabei automatisch ein bisschen weiter nach vorne geschoben.

Damit man sich nicht im Oberkörper verdreht, nimmt man die linke Schulter etwas vor und die rechte Schulter etwas zurück. In dieser Sitzposition ist es einfach, das Gewicht nach links zu verlagern. Der Oberkörper bleibt lotrecht und darf auf gar keinen Fall zur Seite geneigt werden; die Schultern bleiben waagerecht.

Wenn der Reiter sein Gewicht also nach links verlagert, seine Gesäßknochen nach links geschoben und den linken Steigbügel belastet hat, versucht das Pferd normalerweise durch einige Schritte nach links, den Menschen wieder in die Mitte zu setzen und somit das Gleichgewicht wieder herzustellen. Es tritt unter das Gewicht des Reiters.

Bei manchen Pferden und bei Übungen im Schritt übertreibe ich meine Gewichtsverlagerung so stark, dass sich – bleiben wir bei unserem Beispiel der Steuerung nach links – mein linker Gesäßknochen schon gar nicht mehr im Sattel befindet. Ich rücke mein Gesäß dann so weit nach links, dass der rechte Gesäßknochen in der Mitte des Sattels liegt. Das Pferd dürfte sich dabei ähnlich fühlen wie wir, wenn wir einen anderen Menschen auf unseren Schultern tragen, der sich zur Seite lehnt. Auch wir machen dann einen Ausfallschritt, um wieder ins Gleichgewicht zu kommen.

Wenn ich möchte, dass sich das Pferd mehrere Schritte nach links bewegt, baue ich die Gewichtshilfe jedes Mal neu auf. Solange ich die Gewichtsverlagerung stark übertreibe, kann das z.B. bei Seitengängen wie ein Schaukeln auf dem Pferd aussehen. Denn das Pferd befindet sich ja in der Bewegung; folglich muss sich der Reiter mitbewegen und darf nicht steif wie ein Klotz in seiner Gewichtsverlagerung verharren – schließlich gibt er die Bewegung des Pferdes vor. Je geschmeidiger sich ein Reiter auf dem Pferd bewegt, desto größer ist die Harmonie zwischen Reiter und Pferd.

Wenn das Pferd bereits gelernt hat, unter mein Gewicht zu treten, sollte meine Gewichtsverlagerung für einen Beobachter nicht mehr erkennbar sein.

Ein häufig auftretender Fehler bei der seitlichen Gewichtshilfe besteht darin, dass der Reiter auf der falschen Seite in der Taille einknickt. Wenn er z.B. auf dem linken Zirkel links in der Taille einknickt, hängt seine linke Schulter nach unten – und der rechte Gesäßknochen wird nach rechts (außen) geschoben. Damit kehrt sich die gesamte Gewichtsverlagerung um: Statt das Pferd nach links zu dirigieren, wo die Schulter des Reiters durch das Abknicken tiefer hängt und wohin er sich eigentlich bewegen möchte, führen sein Gewicht und sein Gesäß das Pferd nach rechts! All diese Bewegungsabläufe kann man übrigens wunderbar auf einem Stuhl sitzend ausprobieren und nachvollziehen.

Oft wird gesagt, man solle nicht in der Taille einknicken. Doch meiner Meinung nach vereinfacht das Einknicken in der Taille auf der richtigen Seite die Gewichtsverlagerung für den Reiter. Das heißt, dass er auf der rechten Seite ein wenig in der Taille einknickt, um sein Gewicht nach links zu verlagern. *Ich bin also nicht generell gegen das Einknicken in der Taille – man muss nur genau wissen, wann und zu welchem Zweck man diese Bewegung einsetzt.* Sinnvoll kann das Einknicken z.B. wie bereits beschrieben zur Steuerung, beim Öffnen eines Tores, bei der Rinderarbeit oder ähnlichen Manövern sein.

Bei allen Lektionen kommt es auf das richtige Zusammenspiel von Gewichts-, Schenkel- und Zügelhilfen an.

Im Zusammenhang mit der Hilfengebung zur Steuerung taucht immer wieder die Frage auf, warum ich das Pferd nicht einfach mit dem rechten Gesäßknochen und dem rechten Schenkel nach links drücke. – Ich bin der Meinung, dass Druck vermieden werden sollte, wo immer es möglich ist. Daher bevorzuge ich es, das Pferd unter mein Gewicht laufen zu lassen und – wenn nötig – mit dem gegenüberliegenden Schenkel so viel zu helfen, wie nötig ist.

Gewichtshilfen zur Geschwindigkeitskontrolle

Je mehr ich mein Gewicht nach vorne verlagere und dabei die Bauch- und Rückenmuskulatur anspanne, meine Schultern anhebe und mit den Händen nach vorne gehe, desto schneller wird mein Pferd. Je mehr ich mich nach hinten setze – bis zum lotrechten Sitz – und das Pferd mit meinem entspannten Gewicht belaste, desto langsamer wird es.

Animiere ich das Pferd durch mein nach vorne verlagertes Gewicht zum Antreten und bleibe in dieser Position, so bedeutet dies für das Tier, dass es noch schneller werden soll. Setze ich mich gleich nach dem Antreten wieder entspannt zurück, heißt dies für das Pferd: Das Tempo ist o.k. Bei einem gut ausgebildeten Pferd sollte das klappen.

Wenn der Reiter sein Gewicht nach vorne oder hinten verlagert, ist dies für das Pferd wesentlich leichter auszubalancieren als die seitliche Gewichtsverlagerung. Daher reicht es – zumindest zu Beginn der Ausbildung – nicht, nur etwas Gewicht aus dem Sattel zu nehmen und auf die Steigbügel zu verlagern, sondern man braucht vermehrt die Stimme, die Schenkel oder manchmal auch das Zügelende als Hilfsmittel zum Antreiben.

Mehr über die einzelnen Gewichtshilfen bei den jeweiligen Übungen erfahren Sie im Kapitel „Das Training“ ab Seite 102.

Aufs richtige Timing kommt es an

Auch für die Gewichtshilfe gilt: Sobald das Pferd den ersten Schritt in die gewünschte Richtung macht bzw. nur sein Gewicht verlagert, um einen Schritt einzuleiten, muss der Reiter das Gleichgewicht durch korrektes Einsitzen wieder herstellen. Reagiert der Reiter zu spät oder zu früh, überträgt sich dies sofort auf das Pferd. Dadurch kommt es zu Taktstörungen, und das Pferd verliert das Vertrauen zum Reiter.

Unterschenkelhilfen

Die Unterschenkelhilfen werden vorherrschend zur Richtungsbestimmung und zur Gymnastik eingesetzt; teilweise auch zur Geschwindigkeitsbestimmung – natürlich immer in Kombination mit den anderen Hilfen. Schenkelhilfen sind in der Westernreiterei deshalb so wichtig, weil der Reiter sein Pferd im Idealfall ja am ganz langen Zügel (oder als Ziel der Ausbildung sogar ohne Kopfstück) lenken und im Tempo beeinflussen möchte. Die Kommunikation findet dann nur noch über Gewicht, Unterschenkel und Stimme statt.

Die Unterschenkel sollten nicht als ausschließliche, permanente treibende Hilfe eingesetzt werden, da das Pferd den Reiter sonst falsch verstehen könnte. Wenn ein Pferd beispielsweise beim Anreiten nicht allein auf meine Gewichtsverlagerung und das Schnalzen reagiert, gebe ich sehr wohl beidseitig einen kurzen Impuls mit den Unterschenkeln, um meine Aufforderung zum Antreten zu unterstreichen. Das Pferd muss aber lernen, dass nicht der Schenkeldruck allein darüber entscheidet, ob es losgehen soll. Nur in Kombination mit der Gewichtshilfe, der nach vorne gehenden Zügelhand und Schnalzen versteht es die beidseitige Schenkelhilfe als eine antreibende. Die Unterschenkelhilfe ist also die unterstützende Hilfe zur vorherrschenden Gewichtshilfe.

Lockerheit und Spannung

Normalerweise liegen die Unterschenkel locker an den Seiten des Pferdes an – ohne Druck. Dieser setzt nur dann ein, wenn das Pferd entweder die Richtung oder das Tempo ändern soll. Ansonsten sind die Unterschenkel ohne Spannung, da das Pferd sonst über kurz oder lang abstumpfen würde.

Das Pferd wird zwischen diesen lockeren Unterschenkeln geritten. In dem Moment, in dem es von der von mir vorgegebenen Spur abweicht, kann ich nach erfolgter Gewichtshilfe zur Verstärkung auch den jeweiligen Unterschenkel korrigierend einsetzen. Man kann sich meine Unterschenkel wie Bahngleise vorstellen: Weicht das Pferd zu einer Seite aus, begrenze ich es durch den jeweiligen Unterschenkel und halte es so in der Mitte. In diesem Fall wirkt mein Schenkel passiv ein: Er treibt das Pferd nicht – wie der aktive – in eine neue Richtung, sondern hindert es daran, eine falsche Richtung einzuschlagen.

Wichtig: Der Reiter kann seine Unterschenkel nur dann korrekt einsetzen, wenn er im Gesäß und in den Oberschenkeln wirklich locker sitzt und über die Knie keinerlei Druck ausübt. Ich bezeichne das gerne als „Froschsitz", da die Knie ruhig auch einmal abstehen dürfen. Sitzt der Reiter nicht entspannt auf seinem Gesäß und den Oberschenkeln, kommen beim Pferd falsche Signale an, und die Unterschenkelhilfen werden undeutlich oder sogar missverständlich. Das kann man oft bei Reitschülern beobachten, die unbequeme Pferde haben: Um die Bewegung des Pferdes besser abzufangen, versuchen sie mehr Gewicht in die Bügel zu bekommen, indem sie die Beine durchdrücken und folglich mit den Knien klemmen. Das Pferd erhält durch die starke Anspannung der Beinmuskulatur und das Klemmen der Knie unnötige Signale, durch die es abstumpft oder nervös und übersensibel wird.

Wie auf Seite 81 bereits beschrieben, kann der Reiter keinen ganz entspannten Sitz erreichen, wenn er seinen Absatz übertrieben nach unten drückt – denn dadurch wird die Oberschenkel- und Wadenmuskulatur viel zu stark angespannt und wirkt folglich zu sehr treibend. Wenn ein großer Reiter auf einem kleinen Pferd mit der Wade nicht stark genug einwirken kann bzw. wenn das Pferd auf die Wadeneinwirkung allein nicht reagiert, kann man den Absatz auch mal hochziehen, um sich dem Tier verständlich zu machen. Dabei muss man aber bitte darauf achten, dass der Absatz nur vom Fußgelenk aus angehoben und nicht vom Knie aus hochgezogen wird.

Reflexbildung

Um das Senken von Kopf und Hals zum Reflex zu machen, gibt es eine sehr gute Übung im Stand: Ich lege beide Unterschenkel mit gleich bleibendem Druck an den Pferdekörper. Damit möchte ich das Pferd dazu veranlassen, Hals und Kopf tief zu nehmen. Wichtig ist dabei, dass mein Gesäß entspannt bleibt und wirklich nur die Unterschenkel, je nach Ausbildungsstand des Pferdes oftmals sogar nur die Absätze, eine Handbreit hinter dem vorderen Gurt Druck ausüben. Den Zügel nehme ich nur auf, um das Pferd am Vortreten zu hindern. Das Pferd muss genug Zeit haben, um für sich herauszufinden, was ich will. Dabei wird es erst einmal versuchen, rückwärts, seitwärts oder vorwärts zu treten, doch meine Schenkeleinwirkung bleibt bestehen. In der Sekunde, in der ich spüre, dass das Pferd ruhig steht, Hals und Kopf tief nimmt und den Rücken dehnt, nehme ich sofort den Schenkeldruck weg. Das Senken von Kopf und Hals bei Schenkeldruck wird so zum Reflex.

Sobald das Pferd vermehrt an den Schwerpunkt herantritt, Hals und Kopf senkt und am Gebiss nachgibt, lässt der Druck über Schenkel und Zügel augenblicklich nach.

Meine beiden Schenkel sollen die Hinterhand des Pferdes dazu animieren, vermehrt unterzutreten. Halte ich gleichzeitig mit dem Zügel leicht gegen, so hebt das Pferd den Rücken, und der erste Grad der Versammlung ist erreicht. Die Voraussetzung dafür ist allerdings ein Pferd, das am Gebiss nachgibt (siehe Seite 70).

Diese Übung ist von elementarer Bedeutung für die weitere Ausbildung des Pferdes. Deshalb sollte man es einem wirklich erfahrenen und guten Ausbilder überlassen, sie dem Pferd beizubringen. Später sollte die Übung auch im Trab und Galopp ausgeführt werden.

Das Senken des Kopfes ist allerdings nicht unbedingt gleichbedeutend mit dem Nachgeben am Gebiss. Das Pferd kann den Kopf auch ruckartig tief nehmen und sich so der Einwirkung des Gebisses nach unten entziehen. Das merkt der Reiter daran, dass das Pferd versucht, ihm die Zügel aus der Hand zu ziehen. In diesem Fall muss man die Zügel wechselseitig kurz annehmen und gleich wieder nachgeben. Der Reiter sollte auf keinen Fall den Kopf des Pferdes „tragen".

Schenkelfehler

Viele Westernreiter strecken die Beine weit vom Pferd weg – entweder, weil sie Angst haben, dass das Tier sonst unempfindlich gegenüber den Schenkelhilfen wird, oder aber, weil ihnen das Pferd sonst wegrennt. Im letzteren Fall ist aber oftmals nicht der Schenkel die Ursache, sondern vielmehr die Anspannung des Reiters in Gesäß, Rücken- und Bauchmuskeln bzw. ein zu starker Knieschluss. Hat ein Pferd die Tendenz, wegzurennen, sobald es die Unterschenkel spürt, lege ich diese fest an und begrenze die vorwärts tretenden Beine mit meiner Zügelhilfe. Das Pferd läuft dann auch nicht schneller als vorher, und ich kann ihm so klarmachen, dass es keinen Sinn hat, vor den Schenkeln davonzulaufen. Stattdessen hat die Kombination dieser beiden Hilfen – anliegende Schenkel und anstehende Zügel – den Effekt, dass das Pferd den Rücken aufwölbt und mit der Hinterhand vermehrt untertritt. Sobald das Pferd so reagiert, lässt mein Schenkeldruck nach. Das führt dazu, dass das Pferd langsamer wird – und in diesem Moment gebe ich mit dem Zügel nach. Das Pferd lernt dadurch, dass die Schenkeleinwirkung nicht wegfällt, wenn es schneller wird, sondern erst dann, wenn es seine Kraft statt in den Vorwärtsdrang in das vermehrte Untertreten und Rückenaufwölben umsetzt.

Schenkeleinsatz – wo und wann?

Der Schenkeleinsatz soll für das Pferd eine angenehme, richtungweisende Hilfe sein. Im Normalfall lernt das Pferd, dem einseitigen Schenkeldruck zu weichen, sich also vom Schenkel wegzubewegen bzw. sich von ihm begrenzen zu lassen. Dabei spielt die Position des Schenkels eine große Rolle: Legt man den Unterschenkel etwa in Höhe des vorderen Gurtes an das Pferd, so beeinflusst man in erster Linie die Schulterpartie und die Vorderbeine. Liegt er etwa eine Handbreit hinter dem Gurt, wirkt er vor allem auf die Mittelhand bzw. auf die Seite des Pferdes ein. Weiter hinten angelegt – etwa zwei Handbreit hinter dem Vordergurt oder auf Hintergurthöhe –, hat er die größte Einwirkungsmöglichkeit auf die Hinterhand und die Hinterbeine.

Um sowohl die Vorder- als auch die Hinterhand zu bewegen, muss man den Schenkel jeweils im richtigen Moment an der entsprechenden Stelle einsetzen und zusätzlich Gewichts- und Zügelhilfen geben.

Wichtig: Man muss sich jederzeit dessen bewusst sein, mit welchem Schenkel, an welchem Punkt angelegt, man welches Bein des Pferdes bewegt. Um ein bestimmtes Bein mit dem Schenkeleinsatz optimal beeinflussen zu können, muss man dann einwirken, wenn das Pferd sein Gewicht von diesem Bein weg verlagert hat – das heißt, kurz vor dem Abfußen und evtl. gerade noch dann, wenn sich das Bein in der Abfußbewegung befindet. Danach ist es zu spät: Man kann das Bein mit seiner Schenkelhilfe nicht mehr gezielt bewegen. *Deshalb ist es so wichtig, dass der Reiter ein Gefühl dafür entwickelt, wo sich welcher Fuß des Pferdes gerade befindet.*

Ist ein Pferd zu unsensibel gegenüber den Schenkelhilfen, so muss der Reiter seine Einwirkung kurzzeitig verstärken, bis das Pferd ihn versteht und nachgibt. Wenn das Pferd auf ein-, zweimal Klopfen mit dem Schenkel nicht reagiert, setze ich ganz kurz den Sporn mit ein. Schlägt es nach dem Sporn, bleibt dieser so lange am Pferdekörper liegen, bis sich das Pferd einen Schritt vom Sporn- und Schenkeldruck wegbewegt. Entscheidend ist auch hier, dass die Hilfe im Laufe der Ausbildung immer leichter wird. Wird sie das nicht, stumpft das Pferd ab, sodass es später nicht einmal mehr auf die Sporen reagiert.

Auch in diesem Zusammenhang ist es wieder von größter Bedeutung, die Sekunde zu erkennen, in der das Pferd beginnt, auf die Hilfe zu reagieren. Nur wenn man dann sofort nachgibt, kommt es beim Pferd zum Aha-Effekt: Es lernt, dass es sich selbst vom Schenkeldruck befreien kann, indem es ihm weicht. Hat es dies einmal begriffen, werden die Hilfen immer feiner.

Exaktes Timing: Mit meinen Schenkeln kann ich jedes Bein des Pferdes gezielt bewegen – allerdings nur in dem Moment, in dem dieses Bein abfußt. Weicht das Pferd dem Schenkeldruck, so muss dieser sofort nachlassen.

Zügelhilfen

Die Zügelhilfen unterstützen Richtungsänderungen und beeinflussen den gesamten Bewegungsablauf des Pferdes. Außerdem sorgen sie für die Stellung und Biegung – natürlich immer in Kombination mit den anderen Hilfen.

Man sollte stets das Ziel vor Augen haben, das Pferd mit so sanften und leichten Hilfen wie möglich zu reiten – im fortgeschrittenen Stadium eigentlich ganz ohne Zügeleinsatz. Bis man dorthin gelangt, kann es allerdings auch einmal notwendig sein, eine deutliche Zügelhilfe einzusetzen. Aber bitte immer so, dass das Pferd daraus lernen kann und nicht erschreckt oder abgestumpft wird!

Hilfen sind dazu da, dem Pferd die Wünsche des Reiters verständlich zu machen. Dabei kommt es – bei den Zügelhilfen genauso wie bei allen anderen – auf das Timing und die Intensität der Einwirkung an. Nur wenn der Reiter die Hilfe in der richtigen Sekunde gibt und sie wiederum in genau der richtigen Sekunde löst, kann das Pferd entspannt lernen. Auch die Zügelhilfen müssen auf die Bewegungen des Pferdes abgestimmt werden (siehe Seite 99).

Geschmeidigkeit und Fingerspitzengefühl

Die Hand des Reiters sollte weich und nicht verkrampft sein. Auf keinen Fall sollten Sie mit einer fest geschlossenen Faust reiten. Um den Zügel zu bewegen, setze ich überwiegend den kleinen Finger und den Ringfinger ein. Die Hand schließt sich dabei behutsam, wie um einen Schwamm auszudrücken – Finger für Finger. Wenn der Reiter gut im Gleichgewicht sitzt, bin ich sehr dafür, Zügelhilfen nicht aus der starr gehaltenen Hand zu geben, sondern aus einem Zusammenspiel von Hand-, Ellenbogen- und Schultergelenk. Denn der Reiter soll ja nicht reglos auf dem Pferd sitzen, sondern den Bewegungen des Pferdes folgen und sie – wenn erforderlich – durch Gegenbewegungen manipulieren.

Den größten Fehler kann man oft beim Galoppieren beobachten: In dem Bestreben, die Hände ruhig zu halten, fixiert der Reiter sie an einer bestimmten Stelle. Damit hält er die Zügel gegen die Bewegung und stört das Pferd im Maul – denn der Galopp ist eine Wellenbewegung, und das Pferd bewegt den Kopf dabei etwas mehr als in den anderen Gangarten. Hier hilft eine einfache Übung: Lassen Sie Ihre Hände bei durchhängenden Zügeln eine Zeit lang einfach nur auf dem Sattelhorn liegen. So können Sie den Rhythmus des Pferdes spüren und sich ihm anpassen. Dann nehmen Sie die Zügel wieder in Ihre nachgiebigen Hände und versuchen, mit den Händen und Fingern den Zügelbewegungen im Galopprhythmus zu folgen. Dafür muss der ganze Körper geschmeidig mitgehen.

Bei bestimmten Übungen kann es auch sinnvoll sein, den Zügel mal gegen die Bewegung stehen zu lassen. Dazu mehr im Kapitel „Das Training“ ab Seite 102. Zunächst muss das Pferd lernen, dass es sich unter dem Reiter bewegen kann, ohne im Maul gestört zu werden. Erst in einem fortgeschrittenen Ausbildungsstadium kann der Reiter anfangen, die Hand leicht stehen zu lassen, damit das Pferd lernt, selbst am Zügel nachzugeben.

Beidhändige Zügelführung

Bei jungen Pferden, manchen Korrekturpferden und solchen, die aufs Westernreiten umgestellt werden, führe ich die Zügel beidhändig und mit sehr viel Abstand zwischen meinen beiden Händen. So kann ich das Pferd durch Zügelhilfen besonders deutlich steuern und den direkten Zügel – der dem Pferd die Richtung weist, in die es sich bewegen soll – so lange annehmen, bis das Pferd reagiert. Das Pferd sieht bei dieser breiten Zügelführung die Reiterhand. Das hilft ihm, die Zügelhilfen besser zu verstehen.

Bei ganz breiter Zügelführung ist die Einwirkung beinahe so, als würde das Pferd longiert. Aber Achtung: Legen Sie immer erst den äußeren (indirekten) Zügel an den Hals, und setzen Sie dann erst den direkten ein. Dies erleichtert später das Neck Reining (siehe Seite 66).

Als Ausbildungsgebiss eignet sich am besten das gebrochene Snaffle Bit mit großen Ringen, das auch bei einem eventuell nötigen stärkeren Zügeleinsatz nicht durch das Pferdemaul gezogen werden kann (siehe Seite 68). Denn gerade in der Ausbildungsphase kann es sein, dass der Reiter auch mal gegenhalten muss – so lange, bis das Pferd verstanden hat, dass es nachgeben kann. Für diesen Lerneffekt sollte das Gebiss so sanft wie möglich aufs Pferdemaul einwirken. Je schärfer das Gebiss ist, desto weniger Kontakt sollte die Reiterhand zum Pferdemaul haben.

Um den richtigen Kontakt zum Pferdemaul herzustellen, sollten die Zügel so lang sein, dass das Pferd sofort auf jeden Zügelimpuls reagiert und dass der Reiter das Gefühl hat, sich regelrecht mit dem Pferdemaul unterhalten zu können.

Auch wenn ich die Zügel in beiden Händen halte, gebe ich grundsätzlich nur an einer Seite einen Impuls und nicht an beiden Zügeln gleichzeitig – wobei aber immer beide Zügel zusammenwirken. Um über die Zügel einzuwirken, bewege ich meine Hände – je nachdem, was ich erreichen möchte – zur Seite und nach oben. Handbewegungen nach hinten sollten vermieden werden.

Ich habe die Erfahrung gemacht, dass die Pferde viel leichter und lieber auf Zügelhilfen im Maulwinkel reagieren, die ich mit hoch gehaltener Hand erziele, als auf den Druck auf die Laden, den eine tiefe Hand erzeugt. Daher halte ich meine Hände auch bei der beidhändigen Zügelführung – außer bei bestimmten gymnastizierenden Übungen – relativ hoch. Die hohe Handhaltung hat zusätzlich den Vorteil, dass der Oberkörper des Reiters nicht so leicht nach vorne fällt und dass man sich und das Pferd auf diese Weise gut auf das einhändige Reiten vorbereiten kann. Bei der einhändigen Zügelführung ist eine tiefe Handhaltung nicht möglich, da der Pferdehals und das Sattelhorn im Weg wären. Also gewöhne ich mich und das Pferd gleich an die höhere, korrekte Handhaltung.

Direkte und indirekte Zügelhilfen

Es gibt direkte und indirekte Zügelhilfen. Bei der direkten Führung nehme ich den Zügel, führe ihn vom Hals des Pferdes weg und veranlasse das Tier dadurch, mit dem Kopf – und dann natürlich auch mit dem Rest des Körpers – in diese Richtung zu folgen. Bei der indirekten Zügelführung liegt der Zügel am Hals an, und das Pferd weicht diesem leichten Druck, indem es sich von ihm wegbewegt.

Wenn man die Zügel einsetzt, um die Richtung zu ändern, muss man unbedingt immer zuerst den äußeren Zügel an den Hals legen. Das ist der so genannte „Neck Rein“ (siehe auch Seite 66). Erst danach kommt der innere Zügel zum Einsatz, der das Pferd in die Bewegungsrichtung stellt.

Ein Beispiel: Solange ich geradeaus reite, halte ich die Zügel mit gleich hohen Händen in gleicher Länge. Möchte ich das Pferd in eine Biegung, eine Volte oder einen Zirkel lenken, lege ich zuerst den äußeren Zügel an. Die Hände sollten sich immer noch auf gleicher Höhe befinden. Bei Pferden, die in der Ausbildung noch nicht so weit sind, muss man allerdings manchmal die innere Hand etwas höher nehmen (maximal eine Handbreit höher) als die äußere. Auf keinen Fall darf die äußere Hand höher gehalten werden als die innere! Denn mit der Position der Hände verändert sich auch die Schulterhaltung und damit die Gewichtsverlagerung des Reiters, und er würde falsche Gewichtshilfen geben. Um Fehler auszuschließen oder sie sich abzugewöhnen, kann man die innere Hand auch etwas weiter nach vorne nehmen als die äußere. Das führt ebenfalls dazu, dass man seine Schultern und damit den Sitz in der richtigen Position hält.

Eine beidhändige, hohe Zügelführung kommt der einhändig am nächsten.

Bei der Gymnastizierung kann man durch unterschiedlich hohe Handhaltung gezielt auf die Schulter des Pferdes einwirken.

Grundsätzlich sollte jede Hand auf ihrer Seite bleiben; im Einzelfall darf die äußere Hand aber auch mal bis zur Mitte des Mähnenkamms wandern. Die einzige Ausnahme stellen Gymnastikübungen dar.

In der Anfangsphase kann man die direkte Zügelhand so halten, dass der Daumen nach innen-unten zeigt. Dadurch bewegt sich der Ellenbogen nach oben, und man läuft nicht Gefahr, nach hinten zu ziehen. Stattdessen führt man die Zügelhand klar nach oben zur Seite. In dieser Position kann man mit dem direkten Zügel korrekt einwirken.

Bewegliche Hilfe

Die Zügelhilfe ist immer eine bewegliche Hilfe – ein ständiger Wechsel zwischen anstehenden und nachgebenden Zügeleinwirkungen. Um diese Beweglichkeit sicherzustellen, gebe ich die Zügelhilfe niemals aus einer fest geschlossenen Faust heraus.

Steuerung der Vorderbeine

Mit den Zügeln steuere ich die Vorderbeine. Genauer gesagt: Ich dirigiere jeweils ein Vorderbein nach dem anderen in die gewünschte Richtung. Das gilt nicht nur dann, wenn ich die gerade Linie verlassen und beispielsweise einen Zirkel oder eine Volte reiten möchte, sondern auch, wenn ich das Pferd gerade halten möchte.

Stellen Sie sich zum besseren Verständnis vor, dass der rechte Zügel am rechten Vorderbein des Pferdes befestigt ist und der linke Zügel am linken Vorderbein. Wenn Sie das Pferd durch Ihre Gewichts- und Schenkelhilfen dazu gebracht haben, das Gewicht zu verlagern, können Sie in diesem Moment das abfußende Bein mit dem Zügel in die Position dirigieren, in der Sie es haben wollen. Das funktioniert aber wirklich nur dann, wenn keine Gewichtsbelastung mehr auf dem Bein ist – das heißt, wenn es abfußt. Dieses Gedankenspiel zeigt, wie schwierig es ist, die Zügel exakt im richtigen Moment und in der richtigen Intensität einzusetzen.

Dazu gibt es eine aufschlussreiche Übung, die Sie zusammen mit einem anderen Reiter ausführen können: Binden Sie je einen langen, dicken Strick um jeden Fußknöchel Ihres Helfers. Er spielt nun das „Pferd" und läuft los. Sie halten die anderen Enden der Stricke in den Händen und versuchen als „Reiter", das jeweilige Bein durch leichtes Annehmen des Seils beim Abfußen in die von Ihnen gewünschte Richtung zu dirigieren. Sie werden staunen, wie oft das „Pferd" ins Stolpern gerät, weil Sie die Hilfe zu früh oder zu spät geben – also wenn das Bein bereits wieder oder noch am Boden und somit belastet ist. Im Idealfall lassen Sie sich von jemandem helfen, der diese Zügelführung wirklich beherrscht und das richtige Gefühl für Takt und Timing hat. Bei dieser Übung können nicht nur Sie, sondern auch Ihr Helfer, der das Pferd spielt, erfühlen, wie wichtig das richtige Timing ist. Ich kann nur jedem empfehlen, die Steuerung über die Zügel ausführlich am Boden zu üben, bevor er damit womöglich sein Pferd verwirrt.

Achten Sie darauf, dass keine dauerhafte Spannung auf den Seilen ist, und üben Sie erst die Steuerung in die eine Richtung, dann in die andere, bevor Sie sich an Richtungsänderungen heranwagen. Vergessen Sie dabei nie, dass nur dann Seil-/Zügelkontakt bestehen darf, wenn der Helfer (das Pferd) abfußt!

So können z.B. Pferde, die auf dem Zirkel zum Ausbrechen neigen, gut auf die Kreislinie geführt und dort gehalten werden. Wichtig ist das ständige Nachgeben – sonst würde das Pferd nur lernen, sich auf den anstehenden Zügel zu stützen. Konsequent beim Abfußen annehmen, dann genug nachgeben – das ist gutes Timing und führt zum Erfolg.

Einhändige Zügelführung

Je weniger man das Tempo und die Kopfstellung mit den Zügeln korrigieren muss, desto näher kommt man der einhändigen und damit immer auch gleichzeitigen Zügelführung. Erst wenn man so weit ist, kann man ein ungebrochenes Kandarengebiss verwenden.

Zum Umstellen auf die einhändige Zügelführung verwende ich das so genannte Snaffle mit Shanks (siehe auch Seite 69). Das ist eine Kandarenzäumung, die wie eine Wassertrense (Snaffle Bit) einfach oder doppelt gebrochen sein kann. Der Vorteil dieses Gebisses liegt darin, dass das Pferd trotz Kandarenwirkung (Druck im Genick und am Kinnriemen bzw. an der Kinnkette) noch beidhändig geritten werden kann. Im Turniersport ist das allerdings nicht erlaubt; hier ist für jede Kandarenzäumung die einhändige Zügelführung vorgeschrieben. Mit dem Snaffle mit Shanks kann man das Pferd, für das die gleichzeitige Zügelhilfe ja eine neue Situation ist, langsam auf die einhändige Zügelführung einstellen. Ein geschickter Reiter kann dieses Gebiss auch mit einer Hand beweglich einsetzen. Bei der fes-

ten Stange ist dies nicht mehr sinnvoll, da die Stange den Kopf sonst aus der waagerechten Haltung bringen würde.

Man sollte Stangen mit möglichst kurzen Anzügen verwenden, denn die Hebelwirkung verstärkt sich mit zunehmender Länge der Anzüge. Eine Stange mit langen Anzügen wirkt also sehr scharf. Ein solches Gebiss gehört nur in Profihand, sofern es überhaupt sinnvoll ist, es zu benutzen.

Bei der einhändigen Zügelführung greife ich bei Split Reins von oben in die Zügel, sodass maximal ein Finger dazwischen liegt, und lasse die Zügelenden auf einer Seite herunterhängen. Die geschlossenen Romal Reins sind wie ein Blumenstrauß zu halten, sodass das Zügelende oben aus der Faust herausläuft (siehe auch Seite 70).

Stimmhilfen

Es fasziniert mich immer wieder, wie hilfreich die Stimme beim Reiten und beim Umgang mit dem Pferd ist. Der Einsatzbereich der Stimme beginnt bereits beim Putzen und Führen und setzt sich bei der Boden- und Longenarbeit fort. Auch die Fahrer arbeiten sehr intensiv mit der Stimme. Ich setze die Stimme auch sehr gerne als zusätzliche Hilfe beim Reiten ein.

Ich setze die Stimme in jeder Ausbildungsphase ein – warum sollte ich auch auf ein so nützliches Hilfsmittel verzichten! Die Stimme dient mir unter anderem zum Beruhigen des Pferdes und zum Ändern der Gangart. Fürs Anreiten benutze ich ein einmaliges Schnalzen zur Unterstützung meiner sonstigen Hilfengebung, für den Trab zwei kurze Schnalzer und für den

Zügel-Übung: Um die Vorderbeine des Pferdes mit den Zügeln zu steuern, muss der Reiter exakt im richtigen Moment einwirken – sonst bringt er das Pferd aus dem Gleichgewicht. Die „Trockenübung" ohne Pferd hilft Ihnen, das Gefühl für die richtige Einwirkung zu entwickeln.

Galopp das so genannte Küsschen. Mein Stimmsignal zum Anhalten ist ein lang gezogenes, tief ausgeatmetes „Whoooa!"

Aber nicht nur zum Wechseln der Gangart ist die Stimme hilfreich, sondern vor allem auch zur Taktvorgabe. Ich kann dem Pferd mit meinen akzentuierten Schnalzern den Takt vorgeben und es so innerhalb einer Gangart oder Übung schneller, aber auch langsamer machen. Denn das Pferd als harmoniebedürftiges Wesen wird in der Regel immer versuchen, in dem von mir gewünschten Takt zu laufen und nicht gegen ihn. Das heißt: Um zu beschleunigen, schnalze ich schneller – egal, ob es dabei z.B. um schnelles Rückwärtstreten, Drehen oder eine Seitwärtsbewegung geht. Um ein Pferd zu beruhigen, spreche ich in einem entsprechend ruhigen Tonfall.

Es ist wichtig, sich bei den Stimmkommandos auf wenige, prägnante Worte zu beschränken, die immer gleich bleiben sollten, z.B. „Whoa" oder „Halt" zum Anhalten (Stillstand aller vier Beine) und „Easy" zur Beruhigung. In der Westernreiterei hat sich wegen ihres Ursprungs und wegen der anfänglich vielen Importpferde die englische Sprache eingebürgert. Um dem Pferd die Verständigung mit dem Menschen zu erleichtern, wenn es einmal verkauft werden sollte, sollte man in jeder Reitweise auch die hier üblichen Kommandos verwenden. Doch noch wichtiger als die einzelnen Kommandos sind die Betonung und die Tonlage, die immer zum Stimmkommando passen müssen. Von ihnen hängt es ab, ob das Pferd den Menschen auch wirklich verstehen kann.

Das Training

Die Grundvoraussetzungen für ein gelungenes Training sind Zeit, Gefühl und Geduld. Nur wenn man nicht mit zu hohen Erwartungen an das tägliche Reiten herangeht, ist man offen für die kleinen Erfolge, ohne die es keinen großen Fortschritt gibt. Im Vordergrund sollte der Wunsch stehen, gemeinsam mit dem Pferd eine gute Zeit zu erleben. Je häufiger der Reiter sein Pferd wissen lässt, dass es etwas gut gemacht hat, desto entspannter und aufnahmefähiger ist es – und desto größer ist seine Motivation, mitzuarbeiten ...

Die Voraussetzungen

Neben Zeit, Gefühl und Geduld ist auch die richtige Fütterung des Pferdes eine wichtige Voraussetzung für ein erfolgreiches Training. Hier gilt als Faustregel: nicht zu viel füttern, sodass der Reiter auf einem Pulverfass sitzt – aber auch nicht zu wenig, sodass das Pferd zu wenig Energie hat.

Jedes Pferd sollte bereits vor dem Training die Möglichkeit gehabt haben, seinen natürlichen Bewegungsdrang auszuleben – am besten auf der Weide. Ansonsten kann man es – nachdem man es zum Aufwärmen ein paar Runden im Schritt geführt hat – an die Longe nehmen oder es kurz in der Bahn oder Halle frei laufen lassen, damit es die seinen Übermut abbauen kann. Erst wenn der natürliche Bewegungsdrang des Pferdes weitgehend befriedigt wurde, kann man konzentrierte Mitarbeit von ihm verlangen. Es darf nicht so weit kommen, dass das Pferd auf dem Platz als Erstes losgaloppieren möchte, um diesen Bewegungsdrang auszuleben.

Die Fütterung muss also an die Haltung angepasst werden. Je mehr Bewegung ein Pferd hat, z.B. auf der Koppel (am besten mit vielen Artgenossen), desto seltener tritt ein Fütterungsproblem auf. Jedes Pferd muß individuell gefüttert werden.

Lockerung und Erwärmung der Muskulatur

Sinn und Zweck der Lockerungs- und Aufwärmphase

Für ein Boxenpferd ist es besonders wichtig, dass der Reiter es erst einmal warm macht. Die Muskeln, Bänder und Sehnen des Pferdes müssen gestreckt und in langsame, kontrollierte Bewegung gebracht werden, damit es nicht zu Zerrungen oder Ähnlichem kommen kann. Außerdem hat sich erst nach einer gewissen Zeit im langsamen Schritt die Gelenkschmiere verteilt. Somit dient die Lockerungs- und Aufwärmphase auch der Schonung der Gelenke.

Wie wichtig diese Phase ist, können Sie am eigenen Leib nachvollziehen: Wenn Sie den ganzen Tag am Schreibtisch gesessen und sich kaum bewegt haben, können Sie auch nicht aus dem Stand losrennen oder großartige gymnastische Übungen vollbringen, sondern müssen sich erst aufwärmen.

Wichtig: Diese Zeit, die Sie zum Aufwärmen und Lösen des Pferdes benötigen – abhängig davon, ob Boxen- oder Weidepferd, ob Winter oder Sommer –, müssen Sie in Ihrem Trainingsplan mit berücksichtigen. Fürs reine Training sollten Sie nicht mehr als 20 Minuten einplanen. Allein die Lockerung im Schritt kann 10, 20 oder mehr Minuten dauern kann. Bei jungen Pferden ist die Losgelassenheit oft das Ziel der ganzen Trainingseinheit.

Für Reiter, die nur in ihrer knappen Freizeit aufs Pferd kommen, ist diese Phase des Ankommens beim und auf dem Pferd im ruhigen Tempo genauso wichtig wie für das Pferd. Der Reiter muss sich erst einmal auf das Tier einstellen und den Alltag hinter sich lassen, um keine Verspannungen mit aufs Pferd zu nehmen. Bringen Sie also viel Zeit für die Vorbereitung des Pferdes, fürs Putzen und Satteln mit.

Wer ein ruhiges Pferd hat, kann die Aufwärmphase gut für einen gemütlichen Ritt ins Gelände nutzen. Danach trainiert man dann auf dem Platz in einer kurzen, aber sehr konzentrierten Trainingseinheit bereits Erlerntes und Neues.

Ist Ihr Pferd locker?

Ob Ihr Pferd sich gelockert hat, können Sie daran erkennen, ob es abschnaubt, seinen Hals vorwärts-abwärts dehnt, locker mit der Schweifrübe schwingt und taktrein mit entspanntem Rücken vorwärts schreitet. All das sind Anzeichen für die Gelöstheit des Tieres.

So werden meine Pferde locker

Normalerweise lockere ich meine Pferde zunächst am möglichst langen Zügel im Schritt und gehe dann (immer noch am langen Zügel) zu einem langsamen, leichten Trab über. Ich finde das Leichttraben sowohl für das Pferd als auch für den Reiter sehr angenehm, denn dabei werden

Vorwärts-abwärts: Das Lösen steht auch beim Turnierpferd an erster Stelle.

die Rücken von beiden entlastet. Vor allem jungen Pferden, die auf dem Zirkel noch Balanceprobleme haben, kann man mit dem Leichttraben helfen. Denn indem der Reiter in dem Moment aufsteht, in dem sich das äußere Vorderbein nach vorne bewegt, wird das innere Hinterbein entlastet – und damit tut sich das Pferd in der Biegung etwas leichter.

Zum Abschluss der Lockerungsphase bieten sich langsame Galoppzirkel an.

Weite gebogene Linien wie große Zirkel, Schlangenlinien durch die Bahn, um Pylonen oder Ähnliches eigenen sich gut zum Lösen. Auch das Reiten über Stangen dient der Lockerung. Wenn das Pferd noch nicht daran gewöhnt ist, über Stangen zu treten, sollte man allerdings erst einmal mit einer Stange anfangen. Geübte Pferde kann man zum Lockern auch über einen Stangenfächer treten lassen.

Manche Pferde können sich bereits beim Freilaufen bzw. beim Longieren gut lösen – wobei es hier große individuelle Unterschiede gibt.

Ist Kauen ein Zeichen von Gelöstheit?

Starkes Kauen auf dem Gebiss deutet beim Westernpferd eher auf Nervosität und Überforderung als auf Gelöstheit hin. Bewegt das Pferd das Gebiss dagegen locker im Maul, so ist dies ein Zeichen von innerer Losgelassenheit: Der Reiter hat das Vertrauen und die Aufmerksamkeit des Pferdes gewonnen.

Für Fortgeschrittene: Das Reiten über einen Stangenfächer fördert die Aufmerksamkeit des Pferdes.

Die Gymnastizierung

Nach dem Lösen stehen bei mir Gymnastikübungen auf dem Programm. Ich gymnastiziere die Hüfte und die Schulter des Pferdes (siehe Seite 129) und gehe dann zu den Seitengängen über. So erreiche ich, dass die drei großen Körperpartien des Pferdes – Vorhand, Mittelhand und Hinterhand – angesprochen werden.

Es ist wichtig, solche gymnastizierenden Übungen durchzuführen, bevor man mit den höheren Lektionen beginnt. Nur wenn sich das Pferd taktrein und losgelassen bewegt, kann man mit den Vorbereitungen für anspruchsvollere Lektionen wie z.B. Spins oder Galoppwechsel anfangen.

Beim Auflockern habe ich bereits darauf geachtet, dass sich das Pferd vorwärts-abwärts dehnt. Nach der Gymnastizierung suche ich nun allmählich den Kontakt zum Pferdemaul und rege das Pferd vermehrt dazu an, mit der Hinterhand unterzutreten.

Wozu die Gymnastizierung gut ist

Beim Gymnastizieren geht es mir in erster Linie darum, die Muskulatur des Pferdes zu entwickeln, seine Beintechnik zu fördern und seine Balance sowie sein Taxiervermögen zu verbessern. Außerdem werden durch gymnastizierende Übungen die Aufmerksamkeit des Pferdes gegenüber bestimmten Hilfen und sein Vertrauen gesteigert. Das Pferd verbessert sein Taktgefühl und kann eventuell auch Ängste abbauen. So kann ich bei der Gymnastizierung beispielsweise Feinfühligkeit am Schenkel und am Zügel erreichen. Das Pferd lernt, weichem und leichtem Druck bzw. Zug nachzugeben. Bei den Gymnastikübungen werden dem Pferd also die Zusammenhänge der Hilfengebung klarer.

Bei der Gymnastizierung werden die Bänder und Sehnen gestärkt, und die gewünschte Muskulatur wird aufgebaut – z.B. die Rückenmuskulatur durch das Rückwärtstreten oder auch durch die verschiedenen Seitengänge. Für das Training der Vorhand ist z.B. die Schultergymnastik sinnvoll, bei der die Vor-

Zeit für eine Pause: Zur Belohnung und Entspannung lasse ich das Pferd ruhig stehen.

hand in der Bewegung kreuzen muss. Auch die Seitengänge wirken hier gymnastizierend (siehe Seite 132).

Die Hinterhand gymnastiziere ich beispielsweise, indem ich das Pferd in der Vorwärtsbewegung mit der Hinterhand seitlich übertreten lasse.

Wichtig: Wenn ich damit beginne, bestimme Muskelpartien des Pferdes zu trainieren, darf ich nur wenige Schritte in der gewünschten Bewegung verlangen – manchmal nur zwei oder drei, damit das Pferd nicht aus Überforderung die Gegenmuskulatur dazu entwickelt. Denn die ungewohnte Bewegung kann für das Pferd unangenehm und auch schmerzhaft sein, wenn man zu viel auf einmal fordert. Damit erreicht man genau das Gegenteil dessen, was man bewirken wollte. Ich arbeite daher stets in kleinen, aber gelungenen Abschnitten und lege dazwischen immer wieder Pausen und Entspannungsphasen ein. So stelle ich sicher, dass das Pferd weder geistig überfordert wird noch Muskelkater bekommt. Es ist sehr wichtig, dass ein planmäßiger Wechsel zwischen Muskelanspannung und Muskelentspannung stattfindet und dass die Anforderungen nur langsam gesteigert werden.

Pausen und Belohnungen

Anders als ein „klassisch" gerittenes Pferd *darf* ein Westernpferd stehen bleiben. *Es muss nicht halten, es darf.* Das bedeutet, dass es sich im Stand am lockeren Zügel vorwärts-abwärts strecken kann und auch mal ein Hinterbein in der Ruheposition abknicken darf. Das Anhalten und Stehenbleiben soll für das Pferd bedeuten, dass es nun eine totale körperliche und mentale Pause einlegen darf. Es ist eine Art Belohnung, die man später auch mit Ausbildungselementen verbinden kann. So kann man es dem Pferd z.B. erlauben, sich genau an der Stelle des Reitplatzes auszuruhen, die ihm immer unheimlich ist. Oder man kann es nach intensivem Training, wenn es eigentlich seine Ruhe haben möchte, neben der schrecklichen, weil unbekannten Stange, dem Flattervorhang oder den Silageballen entspannen lassen. Man darf das Pferd allerdings nicht dazu zwingen, anzuhalten und stehen zu bleiben. In diesem Fall würde es sich nicht entspannen, und somit gäbe es keinen positiven Lerneffekt. Das Pferd muss gelernt haben, dass dem wohltuenden Stehen das Halten vorausgeht – so wird das Stehen auch als Trainingsmittel eingesetzt. Das Pferd empfindet das Anhalten dann als etwas Angenehmes.

Pausen sind für meine Trainingseinheiten sehr wichtig, damit das Pferd nicht überfordert wird und den Spaß an der Sache behält. Nach jeder kurzen Übungssequenz, wenn das Pferd einen positiven Schritt getan hat oder eine Übung offensichtlich verstanden hat – egal, wie minimal der Schritt auch gewesen sein mag –, lege ich eine Pause ein: Ich lasse das Pferd stehen und warte, bis es sich wirklich entspannt und z.B. abschnaubt. Bei jungen, trotz intensiver Lockerungsarbeit noch leicht angespannten Pferden kann das sogar Minuten dauern. Erst dann beginne ich mit der Wiederholung oder mit der nächsten Übung. Diese Zeit muss sich der Reiter nehmen!

Zeit für eine Pause ist es auch, wenn man sich bei einer Übung verhaspelt hat – sei es wegen eines Reiterfehlers oder weil das Pferd immer angespannter wird und einem scheinbar nicht mehr zuhört. In so einem Fall gehe ich in der Lektion einen kleinen Schritt zurück, fordere das ab, was das Pferd bereits gut kann, damit es ein positives Erlebnis hat, und lege danach eine Pause ein. Die Entspannung ist die beste Belohnung, aber natürlich dürfen Sie Ihr Pferd auch mit der Stimme oder mit Streicheln belohnen.

Schritt für Schritt

Der Trainingsablauf muss immer so gestaltet werden, dass ein Schritt auf dem vorhergehenden aufbaut. Wenn ein Übungsteil, der Bestandteil einer komplexeren Übung ist, noch nicht richtig klappt, braucht diese anspruchsvollere Übung gar nicht erst angefangen zu werden – auch wenn es manchmal verlockend wäre, sich darüber hinwegzuschummeln. Das Pferd muss die vorbereitenden Übungen locker, gelassen und mit guter Technik ausführen, bevor man im Training einen Schritt weitergehen kann.

Etwas Neues zu trainieren ist erst sinnvoll, wenn das Pferd körperlich und mental gelockert ist. Dabei achte ich immer darauf, dass sich das Pferd von der gröberen zur feineren Form der Bewegungstechnik hin entwickelt, und vergesse nie, das Training mit einem positiven Erlebnis abzuschließen.

Zwischen Über- und Unterforderung

Pferde lernen durch Wiederholungen. Wenn „verkehrte" Abläufe ständig wiederholt werden, lernen sie diese genauso wie die „richtigen". Denn ein Pferd kann nicht unterscheiden, was gut oder schlecht, richtig oder falsch ist. Es lernt die Wünsche des Reiters schnell zu verstehen, indem dieser ihm das, was für ihn falsch ist, schwierig macht – und das, was für mich richtig ist, so einfach wie möglich. Deshalb ist es so wichtig, ein Gefühl für das Individuum zu haben und im richtigen Moment aufzuhören. Es gibt Tage, an denen es beim Training so hervorragend klappt, dass man vor lauter Übermut den Schwierigkeitsgrad gleich um eine Stufe hinaufsetzt. Die Folge ist, dass die Übungen prompt misslingen, weil das rechte Maß überschritten wurde. Auch Pferde brauchen Zeit, um Neues zu „überdenken"! Wer aber ein Gefühl für den richtigen Moment entwickelt, kann wunderbare Erfolge erzielen und schöne Stunden mit seinem Pferd verbringen.

Wie Pferde lernen

Grundsätzlich lernen Pferde durch Wiederholungen, nicht durch einmalige Erlebnisse. Die einzige Ausnahme stellen Paniksituationen dar, und das aus gutem Grund: Fühlt sich ein Pferd in freier Wildbahn bedroht, so muss es sich diese Situation augenblicklich merken – sonst könnte die Sache beim nächsten Mal tödlich ausgehen.
Deshalb speichern Pferde Negativerlebnisse sofort in ihrem Gedächtnis ab. Wenn beispielsweise bei einem jungen Pferd einmal der Sattelgurt zu schnell zu stramm angezogen wurde, kann das dazu führen, dass das Pferd für sehr lange Zeit unter Gurtzwang leidet.
Indem Sie die Basisübungen und die Gymnastik oft wiederholen, schaffen Sie eine gute Grundlage für viele Jahre freudigen und gesunden Reitens.

Ich übe einen neuen Ausbildungsschritt drei-, viermal und gehe dann zu Lektionen über, die das Pferd bereits beherrscht. Manchmal frage ich die neue Übung zwei oder drei Tage lang gar nicht ab – und am vierten klappt es dann wunderbar. Es ist wirklich von sehr großer Bedeutung, das Pferd nicht zu überfordern.

Wenn ein Pferd immer wieder Probleme mit weiterführenden Lektionen hat, muss der Reiter sich fragen, wo er bei den vorhergehenden Schritten Fehler gemacht hat. Oft stellt sich auch die Frage, ob die positiven Charakter- und Temperamentseigenschaften des Pferdes wirklich sinnvoll gefördert und geschult werden oder ob das Tier nicht vielleicht für eine andere Westerndisziplin bzw. eine andere Reitweise besser geeignet wäre.

In Einzelfällen können auch gesundheitliche Probleme des Pferdes für Schwierigkeiten sorgen. Deshalb sollte man im Zweifelsfall den Tierarzt fragen, wenn bei bestimmten Übungen immer wieder Probleme auftreten.

Viele Pferde sind reiterlich eher unter- als überfordert. Darüber müssen Sie sich aber keine Sorgen machen, solange Ihr Pferd täglich genug freien Umgang mit Artgenossen und somit genug Beschäftigung hat.

Bei meiner Art des Trainingsaufbaus gehe ich davon aus, dass das Pferd mindestens an fünf Tagen pro Woche trainiert wird. Dabei müssen die Übungen nicht ausschließlich in der Bahn stattfinden. Man kann ein Pferd auch wunderbar im Gelände gymnastizieren, z.B. beim Bergauf- und Bergabreiten oder indem man Seitengänge auf Waldwegen trainiert. Der Untergrund muss nur eben und sicher sein, damit das Pferd nicht überwiegend damit beschäftigt ist, sicheren Boden unter den Hufen zu haben.

Von Pferden, die seltener geritten werden, kann man nicht erwarten, dass sie sich besonders geschmeidig bewegen. Sie sind allein von der Muskulatur her kaum in der Lage, schwierigere Übungen gut bzw. versammelt auszuführen. Je regelmäßiger man also übt und sich und sein Pferd gymnastiziert, desto leichter fallen die Übungen Reiter und Pferd.

Motivation ist alles

Ich motiviere meine Pferde, indem ich ihnen das, was ich von ihnen möchte, so angenehm wie möglich mache – und das, was ich nicht möchte, unangenehm. Angenehm heißt für das Pferd, ungestört zu sein und kaum Schenkeldruck, Zügeleinwirkung oder Ähnliches zu spüren. Möchte ich z.B. ein faules Pferd zum Antreten bewegen, gebe ich erst die Gewichtshilfe, dann die Schenkel- und Zügelhilfen, und dann schnalze ich. Wenn das noch nicht reicht, nehme ich das Zügelende und nerve das Pferd damit so lange auf der Kruppe, bis es einen Schritt vorwärts macht, weil ihm die Situation unangenehm ist. Sofort höre ich mit meiner Einwirkung auf – das Lästige, Unangenehme ist weg. In dem Moment, in dem das Pferd tut, was ich möchte, wird es in Ruhe gelassen. Es ist wieder ungestört und hat gleichzeitig gelernt, dass es lernen kann – was durchaus nicht selbstverständlich ist. Wenn ich es nun auch noch mit der Stimme lobe, ist es zufrieden, und folglich entspannt es sich.

Pferde, die gelernt haben, die Reiterhilfen zu verstehen, stehen dem Reiter und der Arbeit mit viel größerer Aufmerksamkeit und Lebhaftigkeit gegenüber – sie sind eben motiviert.

Manche Reiter haben das Gefühl, dass ihre Pferde bereits lustlos auf den Platz gehen. Das kann mehrere Ursachen haben.

Zum einen lassen sich manche Pferde, die den ganzen Tag Bewegung unter Artgenossen auf einer üppigen Weide haben, schwerer zur Bahnarbeit animieren. Darüber muss man sich im Klaren sein. Anders ist die Situation für ein Boxenpferd, für das die Trainingseinheit neben der Fütterung oft die einzige Abwechslung des Tages ist. Dieses Pferd geht unter Umständen von Anfang an mit einer viel größeren Motivation in die Bahn.

Zum anderen kann das Pferd auch deswegen lustlos an die Arbeit gehen, weil der Reiter das Training zu langweilig und monoton gestaltet oder weil das Pferd keine positiven Erlebnisse daraus zieht. Dazu kann es beispielsweise kommen, wenn Lob, Motivation und Pause für den Reiter Fremdwörter sind oder wenn das Pferd überanstrengt wurde.

Stellen Sie sich immer wieder neue Aufgaben – so wird es Ihnen und Ihrem Pferd nicht langweilig.

Das Anreiten aus dem Halten

Um ein Pferd zum Antreten zu veranlassen, verlagere ich mein Gewicht etwas nach vorne. Ich spanne meine Oberschenkel- und Wadenmuskulatur an, hebe mein Gesäß ein wenig aus dem Sattel und nehme meine Schultern nach vorne. Die Hände und Unterarme gehen mit den Zügeln ebenfalls nach vorne in Bewegungsrichtung. Gleichzeitig spanne ich meine Bauch- und Rückenmuskulatur leicht an. Als Letztes schnalze ich kurz und akzentuiert. Wenn die Reaktion ausbleibt, drücke ich kurz mit beiden Waden.

Zum Anreiten verlagere ich mein Gewicht deutlich nach vorne. Das Pferd bewegt sich unter meinen Schwerpunkt: Es tritt an.

Reagiert das Pferd auch darauf nicht, beginne ich mit den Waden ein wenig zu pumpen, drücke also kurz, lasse locker und drücke wieder – immer im Wechsel. Wenn nun immer noch nichts geschieht, nehme ich das Zügelende zur Hilfe und tippe damit die Kruppe des Pferdes an. Während der ganzen Zeit bleibe ich in der vorgebeugten Haltung und lasse mich nicht etwa zwischendurch wieder nach hinten in den Sattel fallen. Die einzelnen Hilfen kommen jeweils verstärkend zu meiner Gewichtsverlagerung hinzu, ersetzen diese aber nicht. Alle Hilfen werden aufrechterhalten, bis das Pferd antritt.

Wenn das Pferd angetreten ist, behalte ich die Körperhaltung sowie die Muskelanspannung im Bauch und im Rücken so lange bei, bis das Pferd das Tempo erreicht hat, das ich mir wünsche. Erst dann gleite ich wieder in die normale Sitzposition. Würde ich sofort nach dem ersten Schritt einsitzen, würde ich das Pferd damit zum Stehenbleiben animieren. Bei bewegungsfreudigen, fleißigen Pferden kann ich mich schneller in den Sattel zurücksetzen als bei faulen, bei denen ich gegebenenfalls die ganze Zeit eine leichte Grundspannung der Bauch- und Rückenmuskulatur aufrechterhalten muss.

Ich persönlich bevorzuge zur Druckverstärkung bei faulen Pferden den kurzen und punktgenauen Einsatz von Sporen, statt mit dem Absatz zu klopfen. Einsteiger sollten allerdings keine

Zum aktiven Anhalten nehme ich meinen Oberkörper zurück, bringe Gewicht auf beide Steigbügel und kippe das Becken nach hinten ab. Bei schwerem Boden kann das Pferd durch Einsatz der Zügel unterstützt werden

Sporen, sondern besser die Absätze benutzen – wobei unerfahrene Reiter eigentlich auf so gut ausgebildeten Pferden sitzen sollten, dass das gar nicht nötig ist, weil die Tiere bereits auf die leichtesten Wadenhilfen reagieren ...

Mein Tipp zum Anreiten bei jungen Pferden

Manchmal ist es hilfreich, wenn der Reiter zusätzlich zu den Hilfen fürs Antreten eine seitwärts weisende Zügelhilfe einsetzt und sein Gewicht ebenfalls auf die entsprechende Seite verlagert. Statt der geraden Vorwärtsbewegung verlangt er vom Pferd damit einen Schritt zur Seite. So bringt er es leichter aus dem Gleichgewicht und damit in die Bewegung als durch das Vorlehnen zum geraden Anreiten. Tritt es seitlich weg, so kann der Reiter diese Bewegung in die gewünschte Richtung lenken.

Das Anhalten

Die ersten Übungen zum Anhalten sollte man nicht unbedingt in Richtung Reitplatz-Ausgang oder im Gelände in Richtung Heimat durchführen, wenn der Drang zum Stall schon sehr groß ist. Es ist sinnvoll, das Anhalten anfangs aus dem Schritt zu üben. Um einem Pferd das Anhalten zu erklären, habe ich zwei Möglichkeiten.

1. Passiv: Beim passiven Anhalten läuft das Pferd sozusagen in seinen Bewegungen aus, es verlagert sein Gewicht nicht extra auf die Hinterhand. Diese Art des Anhaltens ist ideal, um das Pferd im Gelände oder zur Belohnung zum Stehen zu bringen. Es bleibt dabei locker und in natürlicher Selbsthaltung.

Ich setze mich vollkommen passiv – also schwer – hin, nehme sämtliche Spannung aus meinem Körper, atme aus und sage dazu noch ein tiefes, ruhiges „Whoa!“ oder „Halt!“. (Natürlich sollten Sie das Kommando verwenden, das Ihr Pferd von der Bodenarbeit her schon kennt.)

Wenn das nicht ausreicht, muss ich dem Pferd deutlich zeigen, dass es die bessere Entscheidung gewesen wäre, stehen zu bleiben. Dazu halte ich das weiterlaufende Pferd mit dem Zügel an und richte es zwei Schritte rückwärts. Nach einigen Wiederholungen wird das Pferd immer aufmerksamer. In der Regel hält es dann schon beim passiven Hinsetzen an, ohne auf das Stimmkommando zu warten, und hat sich innerlich bereits aufs Rückwärtstreten eingestellt. Doch sobald das Rückwärtsrichten als Korrektur nicht mehr nötig ist, lasse ich das Pferd stehen.

Achtung: Zu häufiges Rückwärtsrichten kann ein Pferd dazu veranlassen, nach dem Anhalten auch ohne Hilfe des Reiters aus Gewohnheit rückwärts zu treten. Das ist natürlich nicht sinnvoll. Daher ist es wichtig, das Rückwärtstreten immer mit den entsprechenden Hilfen einzuleiten (siehe rechts).

2. Aktiv: Beim aktiven Anhalten soll das Pferd nicht in der Bewegung auslaufen, sondern aktiv auf der Hinterhand stoppen. Trotzdem bleibt die Vorhand in Bewegung. Zum aktiven Anhalten belaste ich beide Steigbügel, nehme die Absätze tief und setze mich mit dem Oberkörper zurück. Dabei muss das Becken nach hinten abgekippt sein; die Schultern gehen leicht nach vorne. Meine Körperhaltung ist dabei so, als hätte mir jemand in den Bauch geboxt. Auch hier atme ich aus und sage dazu ruhig „Whoa!“ oder „Halt!“.

Je aktiver ich ein Pferd zum Anhalten veranlasse, desto schwieriger ist die Übung für das Tier, da es mit der Hinterhand stark untertreten und dazu sein Gewicht aktiv nach hinten verlagern muss. Dieses aktive Anhalten entwickle ich aus dem energischen Vorwärtsreiten.

Wenn das Pferd trotz all dieser Bemühungen nicht aktiv angehalten hat, mache ich auch jetzt wieder mit Hilfe des Zügels deutlich, dass es besser schneller stehen geblieben wäre: Ich veranlasse es, ein oder zwei Tritte rückwärts zu treten. So lernt es, aus der Vorwärtsbewegung heraus abzustoppen und vermehrt Gewicht mit der Hinterhand aufzunehmen, um sich kurz rückwärts zu bewegen. Dadurch steigt die Motivation des Pferdes, sofort auf die Stop-Hilfen zu reagieren und anzuhalten. Es weiß ja jetzt, dass es gleich zum Rückwärtstreten aufgefordert wird – und dafür muss es erst einmal anhalten. Je mehr es sein Gewicht beim Anhalten auf die Hinterhand verlagert, desto einfacher kann es zurücktreten. Je mehr Schwung es wiederum aus der Vorwärtsbewegung mitbringt, desto besser kann es auf der Hinterhand anhalten.

Kontrolle ist besser ...

Um zu überprüfen, wie fein Ihr Pferd auf Ihre Hilfen reagiert und wie gut Ihr Gefühl für Ihre Hilfen ist, bietet sich die folgende Übung an: Lassen Sie Ihr Pferd antreten, und halten Sie nach genau zehn Schritten wieder an. Anschließend reiten Sie wieder genau fünf Schritte vorwärts, biegen im rechten Winkel ab und fordern nun zwölf Schritte vor und vier zurück. Lassen Sie sich immer wieder andere Zahlenkombinationen einfallen!
Anfangs geht Ihr Pferd vielleicht zwei, drei Schritte weiter, als Sie wollten. Dann müssen Sie mit Ihrer Hilfengebung früher ansetzen. Umgekehrt gilt: Wenn es zu früh anhält, war Ihre Hilfengebung zu stark, oder Ihr Pferd reagiert sehr fein.

Das Rückwärtstreten

Die Fußfolge beim flüssigen Rückwärtstreten ist diagonal. Das heißt, dass das rechte Vorderbein und das linke Hinterbein gleichzeitig abfußen, gefolgt von linkem Vorderbein und rechtem Hinterbein. Das Pferd bewegt sich also im Zweitakt.

Auch beim Rückwärtsrichten lasse ich das Pferd unter mein Gewicht treten. Dafür gibt es wieder zwei Möglichkeiten:

1. Aktiv: Ich belaste beide Steigbügel, kippe das Becken nach hinten und die Schultern nach vorne ab und lehne mich etwas zurück, sodass sich mein Schwerpunkt im Sattel nach hinten verlagert. Folglich versucht das Pferd, das Gleichgewicht durch einige Schritte rückwärts wieder herzustellen. Dabei muss man darauf achten, dass man den Rücken des Pferdes nicht zu stark belastet. Diesen Fehler vermeidet man, indem man seinen eigenen Rücken krumm macht und das Gesäß nach hinten schiebt. Bis man das Gefühl für die Rückwärtsbewegung entwickelt hat, darf man sich anfangs auch so stark in den Steigbügeln abstützen, dass man sich hinten praktisch ganz aus dem Sattel schiebt.

Aktive Hilfe zum Rückwärtstreten:
Ich bringe Gewicht auf beide Steigbügel, kippe das Becken nach hinten, verlagere meinen Schwerpunkt nach hinten und nehme die Schultern nach vorne. Das Pferd tritt rückwärts unter mein Gewicht.

Passive Hilfe zum Rückwärtstreten:
Ein leichtes Annehmen der Zügel und der beidseitige Druck meiner Beine reichen aus, um es rückwärts treten zu lassen.

So lernt das Pferd rückwärts zu treten: Die Zügel dürfen nur so lange angenommen werden, bis das Pferd das Gewicht von der Vorhand weg nach hinten verlagert.

Nun übe ich mit meinen Knien Druck aus und treibe das Pferd so rückwärts. Zusätzlich kann ich zu Beginn wechselseitig die Bügel belasten, um das jeweils gegenüberliegende Vorderbein des Pferdes zu entlasten. Wegen der diagonalen Fußfolge erleichtert diese wechselseitige Belastung (unterstützt durch Schnalzen) dem Pferd das Zurücktreten.

2. Passiv: Zunächst verkürze ich die Zügellänge so weit, dass das Pferd durch einmaliges Annehmen des Zügels bereits rückwärts eingestellt ist, also sein Gewicht nach hinten verlagert hat. Dann treibe ich das Pferd mit beidseitigem Druck meiner Unterschenkel rückwärts und schnalze dazu.

Die Fußfolge sollte in der Regel bei beiden Varianten diagonal sein. Treibe ich sehr langsam, so wird das Pferd – wie in manchen Trail-Übungen zu beobachten – mit allen vier Hufen nacheinander ab- und auffußen. Dadurch habe ich die Möglichkeit, die Vor- bzw. Hinterhand auch rückwärts gezielt durch Trailhindernisse zu lenken. Umgekehrt kann ich das Pferd durch vermehrtes Treiben mit beiden Schenkeln zum schnellen Rückwärtstreten anregen. Der Nachteil dabei ist, dass der Rücken des Pferdes nicht entlastet wird und dass ein kurzer Zügelkontakt für Nichtprofis fast unvermeidbar ist. *Wichtig: Man darf ein Pferd niemals rückwärts ziehen* – denn das führt immer dazu, dass es den Kopf hoch nimmt oder im schlimmsten Fall sogar zu steigen beginnt!

Rückwärtstreten beim noch nicht trainierten Pferd

Bei einem Pferd, das noch keine Erfahrung mit dem Rückwärtstreten hat, nehme ich – zusätzlich zu den Gewichtshilfen – die Zügel so weit an, bis es sein Gewicht von der Vorhand weg nach hinten verlagert. Das ist die körperliche Voraussetzung dafür, dass es überhaupt rückwärts treten kann. Sobald das Pferd einen Schritt rückwärts gemacht hat, lassen meine Zügeleinwirkung und der Knie- bzw. Schenkeldruck sofort nach, und ich belohne das Pferd mit einer Pause. Dann erst baue ich die Hilfengebung vollkommen neu auf, um den nächsten Schritt einzuleiten.

Nach dem Rückwärtsrichten lasse ich das Pferd entweder stehen oder seitlich abwenden. Würde ich wieder vorwärts reiten, so würde es keinen Sinn in dieser Übung sehen und beim Rückwärtstreten bereits an die folgende Vorwärtsbewegung denken.

Viele Pferde tun sich leichter, wenn sie nicht aus dem Stand rückwärts treten müssen. Solche Tiere kann man aus einer Seitwärtsbewegung heraus rückwärts dirigieren. Ähnlich wie beim Anreiten (siehe Seite 111) ist es wichtig, zunächst einmal Bewegung ins Pferd zu bringen, die man dann durch die bereits beschriebenen Hilfenkombinationen rückwärts steuern kann.

Grundsätzlich muss man auch beim Rückwärtstreten immer Schritt für Schritt vorgehen. Die größte Gefahr liegt darin, dass der Reiter zu schnell zu viel verlangt. Das Pferd sollte möglichst fließend rückwärts treten. Das ist wichtiger als das Geraderichten beim Zurücktreten.

Lockerheit am Gebiss beim Rückwärtstreten

Der größte Fehler des Reiters besteht beim Rückwärtstreten darin, auf das Zurücktreten des Pferdes mit einem weiteren Zug am Zügel zu antworten. Dadurch wird der lockere Zügelkontakt, den das Pferd durch sein Zurücktreten gerade erzeugt hat, wieder zunichte gemacht. Bitte vergessen Sie nie, dass jeder Kontakt zum Pferdemaul behutsam und langsam vonstatten gehen sollte!

Der Schritt

Beim Schritt handelt es sich um eine Viertaktbewegung, bei der das Pferd einen Huf nach dem anderen vom Boden abhebt und ihn wieder aufsetzt – und zwar gleichseitig, aber nicht gleichzeitig. Das heißt, dass die Beine einer Seite nacheinander abfußen, gefolgt vom Beinpaar der anderen Seite: hinten rechts, vorne rechts, hinten links, vorne links.

Wenn das Pferd im Schritt angetreten ist, kann der Reiter es sich sehr bequem machen, indem er sich einfach – fast ohne Muskelanspannung – sanft von links nach rechts schaukeln lässt. Möchte ich aber, dass sich das Pferd bereits im Schritt etwas schneller und fleißiger bewegt, helfe ich ihm dabei anfangs ähnlich wie beim Anreiten: Ich verlagere mein Gewicht ein wenig vor, nehme die Schultern und die Hände vor und spanne meine Rücken- und Bauchmuskeln vermehrt an. Gleichzeitig wirke ich aktiv mit dem Sitz ein, indem ich mit meinen Gesäßknochen den Bewegungen des Pferdes minimal vorgreife: Ich beschleunige den Takt der Links-Rechts-Schaukelbewegung ganz leicht und nehme das Pferd sozusagen mit.

In der Westernreiterei möchten wir die wechselseitige Schenkeleinwirkung vermeiden. Statt schwer einzusitzen und das Pferd quasi mit dem Becken vor uns herzuschieben, halten wir einen leichten beidseitigen Wadendruck, sodass die Hinterhand aktiviert wird.

Um den Schritt zu verlangsamen, sacke ich im Sattel zu sammen und atme dabei aus. Ich blockiere das Pferd mit meinen immer passiver werdenden Hüft- und Beckenbewegungen, setze mich also gegen die Bewegung des Pferdes, und belaste den Steigbügel auf der Seite des gerade vortretenden Vorderbeins dabei länger. Dadurch wird das jeweils abfußende Vorderbein in seinem Raumgriff begrenzt. Zusätzlich kann ich Zügelimpulse einsetzen, solange das Pferd noch nicht gelernt hat, auf meinen Sitz zu reagieren. Mit dem Verkürzen des jeweiligen Zügels wird ebenfalls der Raumgriff des entsprechenden Vorderbeins begrenzt. Bald genügt ein leichtes Anheben des Zügels, und im Idealfall benötige ich gar keinen Zügel mehr.

Damit diese Einwirkung für das Pferd verständlich ist, muss man natürlich wieder wissen, wann sich welches Bein nach vorne bewegt. Nur wenn man im richtigen Moment einwirkt, kann man das abfußende Bein dazu bringen, weiter vorzugreifen. Reagiert das Pferd wunschgemäß, so werden seine Schritte raumgreifender, und es legt an Tempo zu.

Als Übung dazu kann man sich von einem Helfer am Boden sagen lassen, wann welches Bein abfußt, und nachspüren, wie sich das anfühlt. Als Nächstes sollte man versuchen, selbst herauszufinden, wann das Pferd welches Bein vom Boden abhebt. Dabei kann man sich von dem Helfer korrigieren oder bestätigen lassen. Nach einiger Zeit kann man dann anhand der Bewegung des Pferdes ermitteln, welches Bein sich wo befindet.

Bei den Vorderbeinen ist das Ab- und Auffußen relativ leicht zu kontrollieren, da der Reiter die Bewegung der Pferdeschulter sehen kann, ohne seinen Sitz wesentlich verändern zu müssen. Bewegt sich die Schulter nach vorne, so greift gerade das jeweilige Bein vor. Ist die Schulter hinten, so wird das dazugehörige Bein als Nächstes abfußen.

Bei der Hinterhand senkt sich der Hüftknochen auf der Seite desjenigen Beins, das gerade abfußt. Wenn das Pferd auftritt, nimmt es mit dem jeweiligen Bein Gewicht auf, und der Hüftknochen befindet sich oben. Später sollte der Reiter das Abfußen auch im Trab ansagen können.

Trab und Jog

Der Trab ist eine Zweitaktbewegung, bei der das Pferd jeweils mit einem diagonalen Beinpaar (hinten rechts und vorne links bzw. hinten links und vorne rechts) gleichzeitig abfußt. Dazwischen liegt die Schwebephase.

Das Antraben

Ich bringe meine Pferde zum Antraben, indem ich die Hilfengebung zum Beschleunigen im Schritt immer mehr intensiviere, zusätzlich kurz beide Unterschenkel leicht andrücke und durch Schnalzen den Trabrhythmus vorgebe. Anfangs kann es auch passieren, dass das Pferd ungewollt antrabt, wenn die Reiterhilfen im Schritt zu stark sind. Genau diese deutlichen Hilfen werden jetzt zum Antraben bewusst eingesetzt. Bei sehr gut ausgebildeten Westernpferden reicht es als Hilfe zum Antraben schon aus, den Oberkörper stärker aufzurichten, somit die Rückenmuskulatur vermehrt anzuspannen und die Hilfengebung durch Unterschenkeldruck zu bestätigen.

Trabt ein Pferd nicht an, so kann ich meinen Schenkeldruck beidseitig etwas verstärken. Wenn es dann immer noch nicht antrabt, setze ich das Zügelende auf der Kruppe ein. Auf keinen Fall werde ich mit den Schenkeln zu aggressiv, denn das würde nur zu einer starken Verspannung des Pferdes führen.

Beidseitiges Treiben im Trab

Aussitzen und Leichttraben

Beim Aussitzen im Trab sitzt man auf beiden Gesäßknochen und fängt die Bewegungen des Pferdes mit dem Becken ab. Um das zu üben, kann man auf einem großen Gymnastikball herumhüpfen oder mit einem Hula-Hoop-Reifen die Beweglichkeit des Beckens und der Hüfte trainieren. Beim Aussitzen sollte sich nur das Becken bewegen und nicht der gesamte Oberkörper. Der Schwung sollte nicht über die Hals-Kopf-Muskulatur weitergeleitet werden, wie man es so oft sehen kann. Die Reiter wackeln dann mit den Köpfen wie die Wackel-Dackel auf den Heckscheibenablagen der Autos.

Wer ein Pferd mit besonders stark werfendem Trab oder ein junges Pferd reitet, der kann zeitweise auf das Leichttraben ausweichen. Beim Leichttraben kann man das Tempo sehr gut vorgeben. Bleibe ich passiv und lasse mich vom Pferd praktisch anheben, wird es immer langsamer werden. Je aktiver und bestimmender ich mein Gesäß aus dem Sattel hebe und wieder einsitze, desto mehr treibe ich das Pferd damit an. Auch beim Leichttraben kann ich zur Unterstützung der Gewichtshilfe einen leichten beidseitigen Schenkeldruck einsetzen.

Der Jog

Der Jog ist ein verlangsamter Trab mit flachen und wenig raumgreifenden Tritten. Folglich ist er superleicht und bequem zu sitzen. Der Reiter sollte einerseits genügend Spannung aufrechterhalten, sodass das Pferd nicht in den Schritt fällt. Andererseits darf er aber auch nicht so stark treiben, dass das Pferd in den schnellen Trab übergeht. Der Jog ist eine Arbeitsgangart: Das Pferd kann lange Zeit über weite Distanzen joggen, ohne übermäßig zu ermüden.

Um ein Pferd, das noch nicht taktrein joggt, in dieser langsamen Gangart zu reiten, lasse ich beide Zügel anstehen und treibe das Pferd mit beiden Schenkeln an die Zügel heran. Je flotter das Pferd wird, desto mehr setze ich mich schwer zurück, treibe und halte vorne mehr gegen. Durch den vermehrten Schenkeldruck tritt die Hinterhand weiter unter. Dann lasse ich den Schenkeldruck fast ganz weg und eine Zehntelsekunde später die Zügel locker. Da der vorwärts treibende Schenkel weggefallen ist, hat das Pferd kaum noch Veranlassung, schnell zu joggen – daher brauche ich auch keinen Zügel mehr. So mache ich dem Pferd das schnelle Joggen (oder manchmal schon Traben) schwierig und anstrengend, während der ruhige Jog für das Pferd angenehm und somit entspannend ist.

Entweder bleibt das Pferd nun im Jog, oder es geht zum Schritt über. Wenn es in den Schritt fällt, habe ich mich zu sehr entspannt und ihm damit die Hilfe zum Schrittgehen gegeben. In diesem Fall jogge ich erneut an.

Das Reiten im Jog ist nur ein ganz schmaler Grat zwischen Schritt und Trab. Folglich braucht der Reiter viel Feingefühl und ein gutes Timing, um ihn einem Pferd beizubringen, das die Veranlagung für diese Gangart nicht vom Gebäude her bereits mitbringt. In vielen Blutlinien, z.B. bei pleasure-gezogenen Westernpferden, gibt es besonders gut joggende Pferde, die von Geburt an eine Disposition für diese Gangart haben. Sie joggen gerne, da es für sie einfach ist.

Im Trab und im Jog sollte der Reiter während des Trainings von Zeit zu Zeit eine gewisse Spannung beim Pferd aufbauen und es sowohl von hinten antreiben als auch von vorne ein wenig begrenzen. Sonst würden viele Pferde vollkommen auseinander fallen, sich also zu sehr auf die Vorhand stützen – eine Gefahr, die vor allem bei Pferden besteht, die fast nur im Jog geritten werden. Diese zeitweise „Versammlung" sollte aber nur von Könnern bzw. unter deren Anleitung trainiert werden. Denn wenn das Pferd den Rücken dabei nicht wölbt, sondern nur zusammengezogen wird, wird mehr Schaden angerichtet als Gutes getan. Anfänger sollten besser versuchen, erst einmal den Jog taktrein zu reiten.

Reiter, die noch nicht ausbalanciert sitzen können, klammern sich im Trab oft mit den Ober- und Unterschenkeln bzw. mit den Knien am Pferd fest. Damit machen sie das Pferd nur noch schneller – und ziehen dann zum Bremsen an den Zügeln. Deshalb sollten Einsteiger unbedingt gründlichen Unterricht an der Longe nehmen, um einen ausbalancierten und vor allem zügelunabhängigen Sitz zu erlernen. Ich empfehle jedem, der sich mit den Bewegungen des Pferdes wirklich vertraut machen möchte, das Reiten ohne Sattel (siehe auch Seite 82).

Ein Pferd, das natürlich, gerne und gut joggt, hilft Anfängern, einen losgelassenen Sitz zu entwickeln.

Der Galopp

Der Galopp ist eine gesprungene Dreitaktbewegung. Dabei unterscheidet man zwischen Rechts- und Linksgalopp. Je nachdem, auf welcher Hand man reitet, sind dafür die Bezeichnungen Innen- bzw. Außengalopp üblich. Reitet man z.B. rechtsherum, so nennt man den Rechtsgalopp auch Innengalopp und den Linksgalopp Außengalopp.

Im Rechtsgalopp fußt das Pferd zuerst hinten links ab. Dann folgt das diagonale Beinpaar vorne links und hinten rechts gleichzeitig, und zuletzt fußt das vordere rechte Bein ab. Daran schließt sich die so genannte Schwebephase an, bei der sich alle vier Hufe in der Luft befinden.

Das Angaloppieren

Damit das Pferd im Rechtsgalopp anspringt, muss der Reiter den äußeren (linken) Schenkel etwa zwei Handbreit hinter den vorderen Gurt nehmen. Er schiebt seine innere (rechte) Hüfte und Schulter etwas vor, nimmt, falls er noch beidhändig reitet, die innere (rechte) Hand ein klein wenig höher als die äußere (linke) und stellt sein Pferd nach innen in die Bewegungsrichtung. Er setzt sich zurück und drückt leicht mit dem äußeren Schenkel. Der innere Schenkel bleibt dabei passiv auf Gurthöhe; der Reiter kann mit dem inneren Knie leichten Druck ausüben, damit das Pferd nicht nach innen „fällt". In dem Moment, in dem das Pferd hinten links abfußt, geht der Reiter mit der Vorwärtsbewegung des Pferdes mit. Seine Schultern bleiben während der ganzen Zeit parallel zur Hüfte. Sobald das Pferd angaloppiert, verlagert der Reiter sein Gewicht nach rechts und gibt mit der rechten Hand ein wenig nach, um den Galoppsprung nach vorne herauszulassen.

Schwungvoll: Die Hände des Reiters müssen mit der Galoppbewegung mitgehen, damit das Pferd nicht im Maul gestört wird.

Wichtig: Die Hände müssen unbedingt mit der Galoppbewegung mitschwingen. Viele Reiter tendieren dazu, gegenläufige Handbewegungen zu machen, und stören das Pferd damit im Maul und folglich in seiner gesamten Galoppade.

Wenn ich im Innengalopp auf dem Zirkel reiten oder geradeaus galoppieren möchte, lege ich den äußeren Schenkel nach dem Angaloppieren meist wieder in die Normalposition zurück. Reite ich aus Gymnastizierungsgründen im Außengalopp – also eigentlich im „falschen" Galopp –, so lasse ich den Schenkel etwa zwei Handbreit hinter dem vorderen Gurt liegen, damit das Pferd sicher weiß, was ich von ihm will. Der Außengalopp auf dem Zirkel, den nur fortgeschrittene Reiter von gut gerittenen Pferden fordern sollten, ist für das Tier sehr anstrengend und verlangt daher eine hohe Konzentration.

Galopp-Probleme und wie man sie löst

Weil der Galopp die schnellste Gangart ist, scheint es oft so, als berge er mehr Probleme als der Schritt oder der Trab. Das heißt, dass auch die Reaktionen des Reiters besonders schnell sein müssen.

Tempoprobleme

Einige Pferde neigen im Galopp anfangs dazu, übermütig zu werden oder auch durchzugehen. Dazu kommt es allerdings nur dann, wenn sie es vorher nicht anders gelernt haben. Viele Youngsters sind es einfach noch nicht gewohnt, mit Reiter zu galoppieren, und rennen dann im wahrsten Sinne des Wortes vor sich selbst davon. Oft spielen Gleichgewichtsprobleme dabei eine große Rolle. Deshalb müssen junge Pferde unbedingt bereits an der Longe lernen, in kontrolliertem Tempo zu galoppieren, statt einfach loszurasen.

Manche Pferde nutzen den Galopp auch, um ihren noch nicht abgebauten Bewegungsdrang loszuwerden. Auch in diesem Fall muss man einen Schritt zurückgehen und dem Pferd erst einmal an der Longe oder auf der Weide genügend Bewegung verschaffen, bevor man aufsitzt.

Vor allem im Gelände muss der Reiter darauf achten, kontrolliert zu galoppieren, besonders in Richtung Heimat langsam und bedacht zu reiten und etwa den letzten Kilometer vor Erreichen des Stalls nur im Schritt zurückzulegen. Pferde merken sich ihre Galoppstrecken – also ist es wichtig, nicht immer auf den gleichen Wegen zu galoppieren. Sonst entscheiden die Pferde irgendwann von allein: „Ah, bekannte Galoppstrecke!" – und schon drängeln sie. Deshalb sollte man den gleichen Weg zwischendurch auch mal im Schritt bzw. Trab zurücklegen. So lernt das Pferd, auf die Reiterhilfen zu warten. Davon profitieren Pferd und Reiter gleichermaßen: Beide können sich beim Ausritt entspannen.

Buckeln

Manche Pferde nutzen den Galopp, um zu buckeln. Das kann zum einen daran liegen, dass sie keine Lust haben, vorwärts zu gehen. In diesem Fall kann das Buckeln sogar eine Vorstufe zum Steigen sein. Um ein buckelndes Pferd von weiteren Bocksprüngen abzuhalten, muss man versuchen, seine Energie schnellstmöglich durch einige kräftige Schnalzer und eventuell auch durch Antippen mit dem Zügelende in eine Vorwärtsbewegung umzuwandeln. Zum anderen ist das Buckeln oft die Antwort auf einen schlechten, unbeweglichen Sitz des Reiters. In letzterem Fall sollte der Reiter erst einmal an der Longe einen geschmeidigen, zügelunabhängigen Sitz erlernen. Buckelt ein Pferd immer wieder, sollte man auch die Passform des Sattels überprüfen: Vielleicht sitzt er nicht richtig und bereitet dem Pferd Schmerzen.

Wenn die Schulter nach innen fällt ...

Wenn ein Pferd beim Galoppieren in der Volte oder auf dem Zirkel immer wieder Probleme hat, indem es mit der Schulter nach innen fällt oder zu schnell wird, greife ich auf folgende Übung zurück: Ich stelle ein Quadrat aus vier Pylonen auf. Zwei davon platziere ich entlang der kurzen Reitbahnseite so, dass ich zwischen den Pylonen und der Bande noch bequem reiten kann. Die anderen beiden positioniere ich parallel dazu in Richtung Reitbahnmitte, sodass praktisch ein viereckiger Zirkel entsteht. Zusätzlich zur Anlehnung an die Reitplatzbegrenzung hat das Pferd nun durch die Pylonen auch innen eine optische Begrenzung, die dafür sorgt, dass es sich immer wieder geraderichtet und die innere Schulter etwas mehr anhebt. Zur Steuerung in den Ecken lege ich den äußeren Zügel an den Hals und setze in diesem Fall den äußeren Schenkel vorne auf Höhe des Gurtes ein – zusätzlich zu meiner übertriebenen Gewichtsverlagerung nach innen. Sobald eine Ecke durchritten ist, richte ich mich und das Pferd wieder gerade – bis wir die nächste Ecke des Quadrats erreichen.

Vier Pylonen in der Reitbahn geben einen „eckigen Zirkel" vor.

Wenn diese Übung gut klappt, kann ich die Pylonen weglassen. Jetzt reite ich kein Viereck mehr, sondern ein Vieleck, bis schließlich ein Kreis entsteht – den ich als „Kreis mit vielen Ecken" bezeichne.

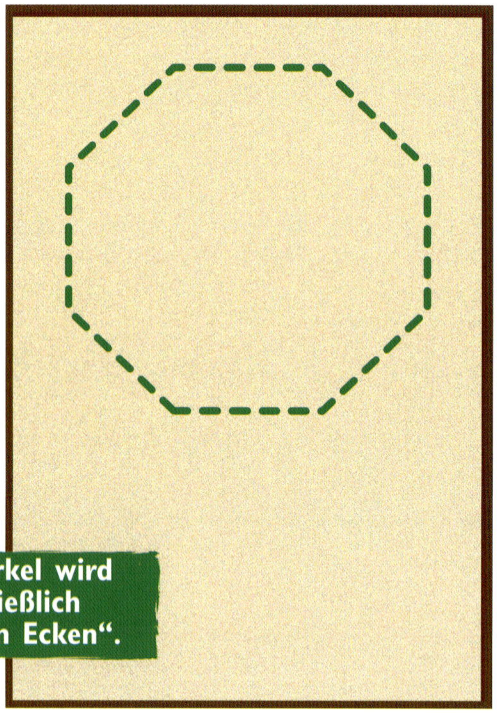

Aus dem eckigen Zirkel wird ein Vieleck und schließlich ein „Kreis mit vielen Ecken".

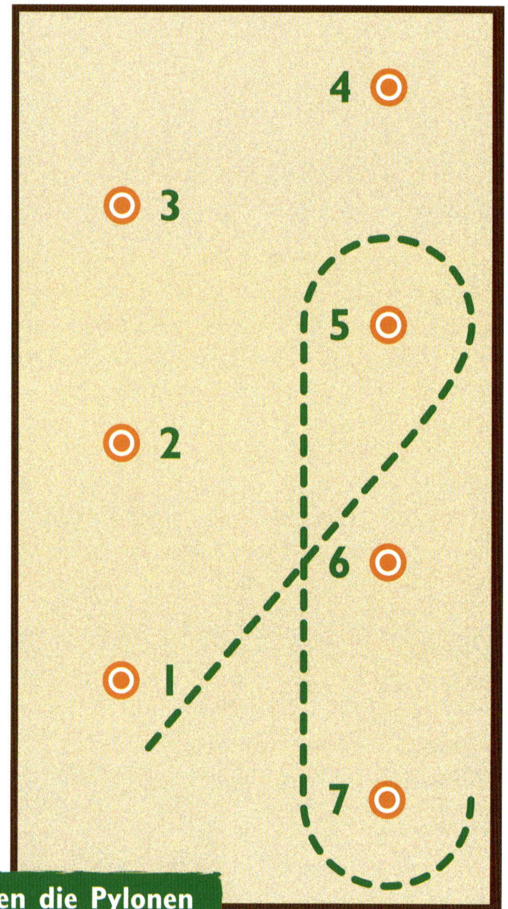

So werden die Pylonen für die Nummernübung in der Bahn platziert.

Für eine weitere sinnvolle Übung verteilt man Pylonen in der ganzen Bahn. Man bildet eine Reihe aus vier Pylonen und parallel dazu eine zweite Reihe aus drei Pylonen. Der Abstand zwischen den beiden Reihen sollte mindestens zehn Meter betragen. Jedem Hütchen wird eine Zahl zugeordnet.

Jetzt ruft ein Helfer dem Reiter Zahlen zu. Der Reiter muss dann jeweils zu den Hütchen mit diesen Nummern reiten und sie umkreisen. Also von der 1 diagonal zur 5, von dort zur 7 etc. Dabei lernt man, ganz genau zu reiten und nicht zu schummel. Bei dieser Übung weiß man ja nicht, wohin man als Nächstes reiten muss. Also muss man sich voll auf das Pferd konzentrieren und sich sofort auf die nächste Aufgabe einstellen.

Diese Übung ist sehr hilfreich, um zu überprüfen, wie genau man reitet, wie exakt die eigene Hilfengebung ist und wie deutlich sie beim Pferd ankommt. Durch die verteilten Pylonen lernt man, vorauszuschauen, spontan zu bleiben und nicht immer die gleichen Figuren zu reiten. Außerdem kann auch das Pferd nicht erahnen, was als Nächstes abgefragt wird, sondern muss sich völlig auf die Hilfen des Reiters einstellen.

Wer sich noch nicht sicher genug fühlt, sollte diese Übung zunächst im Schritt oder im Trab reiten.

Diese Übung ist auch für Freizeitreiter sehr empfehlenswert. Denn gerade im Gelände und im Straßenverkehr ist es wichtig, dass der Reiter schnell reagieren und sein Pferd jederzeit vollkommen kontrollieren kann.

Viertaktgalopp

Im Galopp sollte der Reiter im Idealfall eine weiche, wellenförmige Bewegung spüren. Ist das nicht der Fall, so handelt es sich oft um einen Viertaktgalopp. Das ist ein Galopp, bei dem die Schwebephase fehlt. Wenn sich das Pferd im Viertaktgalopp bewegt, muss der Reiter aktiver vorwärts reiten und das Pferd zum vermehrten Unterspringen anregen, indem er die Hinterhand über den Unterschenkel unterstützt und die Vorwärtsbewegung mit viel Gefühl über den Zügel abfängt. Dadurch nimmt das Pferd mehr Gewicht mit der Hinterhand auf, und es entsteht wieder eine Schwebephase.

Nicht jeder Boden eignet sich für Sliding Stops, sodass es ratsam ist, das Pferd etwas „auslaufen" zu lassen.

Kreuzgalopp

Beim Kreuzgalopp galoppiert das Pferd vorne im Rechts- und hinten im Linksgalopp oder umgekehrt. Für den Reiter ist der Kreuzgalopp meist holprig und unangenehm zu sitzen. Galoppiert das Pferd im Kreuzgalopp, so ist es in der Regel am besten, wieder zum Trab oder Schritt durchzuparieren und noch einmal von vorne anzufangen. So hat der Reiter Zeit, sein Pferd besser vorzubereiten und nun korrekt anzugaloppieren.

Vor allem junge Pferde, die es noch nicht gewohnt sind, sich im Kreis zu bewegen und sich mit dem Reitergewicht auf dem Rücken ganz auszubalancieren, springen recht häufig im Kreuzgalopp an. Deshalb sollte man den Galopp auf der Kreislinie vorher ausgiebig an der Longe oder im Roundpen geübt haben.

Bewegt sich ein Pferd im Kreuzgalopp, darf es auf keinen Fall wahllos angetrieben werden, bis es irgendwann einmal in den richtigen Galopp springt – denn dadurch würde es Angst bekommen. Nur ein erfahrener Reiter kann abschätzen, ob er das Pferd durch Gewichts- und Schenkelhilfen dazu bringen kann, ohne Beschleunigung in den richtigen Galopp umzuspringen. Kreuzgalopp ist oft auf unzureichende Gymnastizierung zurückzuführen.

Durchparieren aus dem Galopp

Vom Galopp zum Halten

Das Durchparieren vom Galopp zum Halten wird in der Westernreiterei relativ häufig abgefragt. Für das Pferd bedeuten Anhalten und Stehenbleiben eine Ruhepause – folglich sind bei ihm angenehme Gefühle damit verbunden.

Je intensiver man das Anhalten aus dem Schritt und Trab geübt hat, desto leichter wird es dem Pferd natürlich auch aus dem Galopp fallen.

Um das Pferd zum Halten durchzuparieren, verteile ich mein Gewicht auf beide Steigbügel, kippe mein Becken ab, nehme die Schultern nach vorne, sage gleichzeitig „Whoa" und atme aus.

Dabei halte ich das Pferd durch einen leichten Druck mit den Knien gerade. Diese Körperhaltung ist vollkommen gegen die Galoppbewegung gerichtet, sodass das Pferd anhält. Würde ich in der Stop-Haltung verharren, so würde ein gut ausgebildetes Pferd sofort anfangen, rückwärts zu gehen. Also muss ich mein Gewicht sofort aus den Bügeln nehmen und meinen Sitz gleich nach dem Anhalten entspannen und lockern, damit das Pferd nicht rückwärts tritt.

Ein häufiger Fehler besteht darin, dass der Reiter nach vorne kippt, weil er die Vorwärtsdynamik des Galopps nicht rechtzeitig abfangen kann. Viele Reiter lehnen sich auch zu weit zurück, ohne gleichzeitig das Becken abzukippen. Dadurch schieben Sie das Pferd geradezu vor sich her, statt es durchzuparieren.

Viele Pferde haben auf schlechten, tiefen Böden Stop-Probleme. Ein Grund dafür kann sein, dass der Boden zu schwer ist. Dann kann das Pferd keinen guten Stop vollbringen, ohne sich an den Hinterbeinen wehzutun. Wer aus dem Galopp stoppen möchte, muss also bedenken, auf welchem Boden er reitet. Spezielle Turnierböden, die lange Sliding Stopps ermöglichen, sind leider selten. Daher ist es im Zweifelsfall besser, das Pferd etwas auslaufen zu lassen und somit seine Gesundheit zu schonen. Die Belastung der Steigbügel sollte dabei wechselseitig erfolgen. So bleiben die Beine des Pferdes länger in Bewegung, und die Rücken von Reiter und Pferd werden geschont.

Vom Galopp zum Trab und zum Schritt

Um aus dem Galopp zum Trab durchzuparieren, gehe ich nicht mehr aktiv mit den Galoppbewegungen des Pferdes mit, sondern setze mich fast ohne Spannung hin und lege leicht die Waden an. Dadurch fällt das Pferd vom Galopp in den Trab. Nun gebe ich ihm über meine leichte Körperspannung und die beidseitigen Schenkelhilfen den Trabtakt vor. Gegebenenfalls unterstütze ich meine Hilfengebung durch Schnalzen.

Wenn ich mich vom Sitz und vom Schenkeleinsatz her noch mehr entspanne, dann bewirke ich bereits, dass das Pferd vom Galopp zum Schritt übergeht.

Normalerweise muss ich für das Wechseln vom Galopp zum Trab oder Schritt nicht mit den Zügeln einwirken. Falls meine anderen Hilfen doch noch nicht ausreichen, nehme ich ein wenig Kontakt zum Pferdemaul auf und halte ganz leicht passiv gegen, bis das Pferd reagiert.

Je unsensibler ein Pferd auf meinen Sitz reagiert, desto stärker wirke ich mit dem Zügel ein. Das ist besonders häufig bei Pferden der Fall, die vorher keine gute Ausbildung erhalten haben – vor allem dann, wenn sie gut genug konditioniert sind, sodass sie längere Zeit ohne Probleme galoppieren wollen. Sollten solche Zügeleinwirkungen notwendig sein, muss ich allerdings erst einmal an den Übergängen vom Schritt zum Halten und später vom Trab zum Schritt arbeiten.

Ein junges Pferd braucht für den Übergang zum Trab oder Schritt in der Regel keine große Aufforderung – denn das Langsamerwerden bedeutet für das Pferd: Pause. Deshalb setzt es schon kleinste Anzeichen, dass es mit dem Galopp aufhören darf, sofort und dankbar um. Doch wenn ein Pferd sich bereits gut auf der Hinterhand trägt und mit der Einwirkung über den Sitz nicht ausreichend vertraut ist, versteht es die Veränderung meines Sitzes und meines Rhythmus oftmals gar nicht. Also muss ich ihm durch meine Zügelhilfe – helfen! Jedes Pferd lernt diese ihm neuen Kommandos, wenn ich die richtigen Hilfen konsequent, zum richtigen Zeitpunkt und mit genug Gefühl gebe.

Richtungsänderungen

Grundsätzlich versuche ich erst einmal, jedes Pferd geradeaus zu reiten. Das ist wegen seiner natürlichen Schiefe bzw. seiner Rechts- oder Linkstendenz, die der Rechts- und Linkshändigkeit bei uns Menschen entspricht, gar nicht so selbstverständlich. Um das Pferd auf eine gerade Spur zu bringen, führe ich es genau zwischen meinen beiden Unterschenkeln und den beiden Zügeln und achte darauf, dass ich beide Gesäßknochen genau gleich belaste. Sollte es von der geraden Linie abweichen, kann ich es durch einen leichten Schenkeldruck auf der entsprechenden Seite begrenzen. Um dem Pferd besser verständlich zu machen, was ich von ihm möchte, reite ich zu Anfang an der Bande entlang, die dem Tier eine gute Führung bzw. Halt gibt.

Wenn ich die Richtung ändern möchte, blicke ich immer dorthin, wo ich hinreiten will. Es ist sehr wichtig, immer vorauszuschauen, damit ich meine Hilfen rechtzeitig vorbereiten und einsetzen kann – vor allem dann, wenn ich auf dem Zirkel, zwischen Pylonen bzw. Stangen oder gemeinsam mit anderen Pferd-Reiter-Paaren in der Bahn reite.

Natürlich muss ich auch meinen Sitz verändern. Will ich z.B. nach links abwenden, setze ich mich mit meinem Gesäß nach links, schiebe die linke Hüfte vor, lege das rechte Bein ein bisschen mehr an und nehme das linke Bein ein wenig vom Pferdekörper weg. Meine Schultern bleiben auf der gleichen Höhe.

Richtungsänderung: Um nach links abzuwenden, setze ich mich nach links und lege das rechte Bein etwas mehr an als das linke. Der rechte Zügel liegt am Pferdehals, und ich führe das Pferd mit der höher gehaltenen linken Hand nach links.

Wenn das Pferd auf den Schenkeldruck noch nicht reagiert, lege ich den rechten Zügel an den Pferdehals, während ich die linke Hand etwas höher nehme und den linken Zügel leicht annehme – und zwar immer dann, wenn das linke Vorderbein abfußt. Ich führe das Pferd also in seinem Takt mit dem linken Zügel und dem rechten Schenkel in die Wendung. Wie weit das Pferd nach links abdreht, hängt davon ab, wie lange ich den Druck des rechten Zügels und des rechten Schenkels aufrechterhalte und wie sehr ich die Richtungsänderung durch den linken Schenkel begrenze und durch den linken Zügel abfange.

Ein häufiger Fehler bei Richtungsänderungen besteht darin, dass der Reiter (um bei unserem Beispiel des Abwendens nach links zu bleiben) sein Gewicht nicht nach links verlagert, sondern links in der Hüfte einknickt und damit genau entgegen seiner Absicht nach rechts sitzt (siehe auch Seite 92). Die Folge: Auch das Pferd driftet über die Schulter nach rechts. In diesem Fall muss der Reiter sofort seinen Sitz korrigieren, indem er übertrieben nach links sitzt, dabei auch ein wenig rechts in der Hüfte einknickt, zudem deutlich die linke Hüfte und Schulter vorschiebt und gegebenenfalls mit dem rechten Schenkel ein wenig mehr Druck ausübt.

Auf keinen Fall darf man permanent am inneren Zügel ziehen! Wenn der Reiter zu stark und zu lange mit dem inneren Zügel einwirkt, kann es passieren, dass sich das Pferd gegen diesen Zug lehnt und über die Schulter wegläuft. Dann folgt es zwar mit dem Kopf in die Richtung, die ihm der innere Zügel vorgibt, bewegt sich aber über die Schulter nach außen.

Impulse statt Krafteinwirkung

Viele Reiter nehmen den Zügel nicht impulsartig an und geben wieder nach, sondern ziehen mit viel Kraft am Zügel, weil sie es nicht gewohnt sind, dass Pferde auf eine leichte Zügeleinwirkung reagieren können. Auf stetiges Ziehen am Zügel reagiert das Pferd aber nicht mit Nachgeben und Abwenden – vielmehr stemmt es sich dagegen und legt sich auf den Zügel. Dabei zieht sich der Reiter erst recht aus dem Sattel, sodass er mit seinem Sitz nicht mehr einwirken kann. Das Erfolgsrezept ist also immer: annehmen und nachgeben.

Oft kommt es vor, dass das Pferd zu stark nach innen drängt. Dem kann man entgegenwirken, indem man den inneren Schenkel stärker anlegt und den Druck des äußeren Schenkels reduziert. Zur Unterstützung führen *beide Zügelhände* den Kopf und Hals des Pferdes nach außen. Dazu nimmt man den äußeren Zügel vermehrt an, wobei man darauf achten muss, dass die Innenstellung beibehalten wird.

Das Umsitzen bei Richtungsänderungen kann man wunderbar üben, indem man zwei Pylonen etwa im Abstand von acht Metern aufstellt und eine Acht um sie herumreitet. Man startet mit einer großen Volte um die eine Pylone herum. Zwischen den beiden Pylonen stellt man das Pferd kurz gerade. Das ist der Moment, in dem der Reiter umsitzen muss. Hat er zuvor eine Linksvolte geritten, so hatte er die linke Hüfte und Schulter vorgeschoben, mehr Gewicht auf dem linken Steigbügel, den linken Schenkel am Gurt, den rechten etwas weiter hinten liegen, und der äußere, rechte Zügel lag leicht am Hals an, während der linke richtungweisend war. Jetzt muss sich die gesamte Hilfengebung umkehren: Der Reiter bringt mehr Gewicht in den rechten Steigbügel, da er ja jetzt eine Rechtsvolte reiten möchte. Der linke Zügel liegt

Wenn das Pferd zu stark nach innen drängt, dann führen beide Zügelhände den Hals und Kopf des Pferdes nach außen.

am Hals, der rechte Zügel stellt und führt das Pferd nach innen. Die rechte Hüfte und die rechte Schulter sind etwas vorgeschoben. Der rechte Schenkel liegt auf Gurthöhe an, während der linke, jetzt äußere Schenkel die Hinterhand des Pferdes etwa eine Handbreit hinter dem Gurt begrenzt – je nachdem, wie klein oder groß die Volte um die Pylone sein soll. Wie stark die Zügel und die Schenkel eingesetzt werden müssen, hängt vom Ausbildungsstand des Pferdes ab. Bei einem gut ausgebildeten Pferd reicht bereits das Umsitzen, also die veränderte Belastung der Gesäßknochen, und das Umlegen der Zügel aus.

Bahnfiguren

Die so genannten Bahnfiguren – gedachte Wege durch die Reitbahn – machen es dem Reiter und damit natürlich auch dem Pferd leichter, sich zu orientieren. Sie bringen außerdem Abwechslung in die tägliche Arbeit und helfen somit, die Motivation des Pferdes zu erhalten.

Beim Reiten in verstärkter Außenstellung wird die Halsmuskulatur gedehnt.

Zu den Bahnfiguren gehören neben vielen anderen auch der Zirkel, die Volte sowie Schlangenlinien durch die Bahn, an den langen Seiten oder um Pylonen/Hütchen herum. Man kann alle erdenklichen Formen von Bahnfiguren reiten. Einige davon werden auch auf Turnieren gefordert.

Alle großen gebogenen Linien eignen sich ideal zum Lösen des Pferdes. Engere Wendungen sollte man erst dann reiten, wenn man in der Lage ist, das Pferd zu biegen.

Die Stellung

Vereinfacht lässt sich die Stellung folgendermaßen beschreiben: Das Pferd nimmt seinen Kopf, sein Genick und seinen Hals so weit in die gewünschte Richtung, bis der Reiter den Nüstern- und Augenrand des Pferdes sehen kann, während der restliche Pferdekörper gerade bleibt. Die Stellung wird über das leichte Annehmen des inneren Zügels und über den Druck des inneren Schenkels erreicht – ohne Gewichtsverlagerung.

Wenn der Reiter beispielsweise den rechten Unterschenkel anlegt, sollte das Pferd seinen Kopf und Hals nach rechts nehmen. Es verhält sich also genauso, wie es auch auf eine Fliege an seinem Bauch reagiert: Es bewegt Kopf und Hals sofort in Richtung „Störenfried" – also in Richtung Reiterschenkel.

Wie mache ich nun einem jungen oder ungeübten Pferd begreiflich, dass es sich nach links oder rechts stellen soll?

Zunächst lernt das Pferd, auf meinen beidseitigen Schenkeldruck hin den Kopf zu senken (siehe Seite 93). Dann kommt der zweite Schritt: Ich drücke beim stehenden Pferd so lange einseitig mit meinem Schenkel, bis es seinem Kopf herumnimmt. Anfangs wackelt es vielleicht nur mit dem Ohr. Doch je beständiger mein Schenkel am Pferd bleibt – fortgeschrittene Reiter setzen dafür am besten Sporen ein –, desto eher bewegt das Pferd den Kopf in die gewünschte Richtung. In diesem Moment höre ich auf, mit dem Schenkel einzuwirken.

Erst wenn diese Übung im Stand klappt, kann ich die Stellung auch im Schritt abfragen.

Beim Westernreiten wird die Stellung manchmal auch bewusst übertrieben, sodass das Pferd seinen Hals sehr stark nach innen oder außen biegen muss. Dazu nehme ich dann allerdings den einen Zügel auf und lasse den anderen im gleichen Maß nach. Diese verstärkte Stellung dient der Dehnung der Halsmuskulatur.

Eine sinnvolle Übung ist es beispielsweise, den Kopf und den Hals des Pferdes auf dem Zirkel in Außenstellung zu bringen. Dazu sitze ich zur Zirkelmitte hin, lege den äußeren Schenkel an den Gurt und nehme den äußeren Zügel auf. Viele Pferde neigen in diesem Moment dazu, ihrer Nase zu folgen, statt auf meine Gewichtsverlagerung zu achten. In diesem Fall muss ich den Druck des äußeren Schenkels noch verstärken. Ich bleibe innen sitzen und führe den inneren Zügel immer dann leicht nach innen, wenn das innere Vorderbein abfußt. Damit gebe ich die Bewegungsrichtung vor: Das Pferd soll sich ja auf dem Zirkel bewegen, nur eben in Außenstellung.

Der kleine Unterschied macht's

Der Schenkeldruck ist für das Pferd nur dann eine Aufforderung, in eine bestimmte Richtung zu gehen, also dem Schenkel zu weichen, wenn die Gewichtsverlagerung des Reiters hinzukommt. Legt der Reiter nur den Schenkel an, ohne sein Gewicht zu verlagern, so bedeutet dies für das Pferd: Stellung.

Die Biegung

Bei der Biegung ist das ganze Pferd lateral – das heißt vom Kopf bis zur Schweifrübe – gebogen. Ein Pferd ist dann korrekt gebogen, wenn es auf einer Kreislinie wie z.B. einem Zirkel mit der Vor- und Hinterhand in derselben Spur läuft. Gerade auf Kreislinien driften viele Pferde gerne mit der Hüfte nach außen oder innen und entziehen sich so der Biegung. Das ist ein Hinweis darauf, dass das Pferd möglicherweise noch nicht genügend gymnastiziert ist.

Um ein Pferd z.B. auf dem Zirkel zu biegen, sitze ich nach innen, lasse mein inneres Bein vorn am Gurt liegen und nehme meinen äußeren Schenkel etwa eine halbe Handbreit hinter den Gurt. Jetzt kann ich mit dem äußeren Schenkel die Hüfte/Hinterhand des Pferdes kontrollieren und vom Ausbrechen abhalten. Mein inneres Bein dient dem Pferd praktisch dazu, sich darum zu biegen. Mein äußeres Bein hält es rund. Meine innere Schulter bleibt dabei vorne. Die Hauptaufgabe des äußeren Zügels ist es, die Schulter zu führen, während der innere Zügel die Stellung erhält. Dabei bleibe ich relativ entspannt im Sattel sitzen.

Je kürzer das Pferd ist, desto schwerer fällt ihm diese Übung.

Um zu überprüfen, wie gut sich ein Pferd biegen kann, bietet sich das Reiten um eine Pylone herum an: Versuchen Sie, Ihr Pferd im immer gleichen Abstand um die Pylone herum zu dirigieren. Anhand seiner Hufspuren können Sie gut erkennen, ob es mit den Vorder- und Hinterbeinen in derselben Spur läuft oder ob mehrere Spuren nebeneinander entstanden sind. Wenn diese Übung im Schritt gut funktioniert, können Sie sie auch im Trab und später im Galopp reiten.

Schulterherein

Eine gute Übung zur Biegung ist das Schulterherein. Dabei reite ich auf dem Hufschlag an der Bande entlang. Wenn ich linksherum reite, gebe ich folgende Hilfen: Ich sitze minimal nach links, lasse die äußere (rechte) Hand stehen und treibe das Pferd mit dem linken Schenkel an die rechte Hand heran. Das Pferd kommt mit der Schulter nach innen – so weit, dass das innere Hinterbein in der Spur des äußeren Vorderbeins läuft und Kopf, Schulter und Rippen nach innen gebogen sind. Um zu verhindern, dass das Pferd nach innen abwendet, halte ich mit dem äußeren Zügel gegen.

Das Pferd sollte nur so stark gestellt sein, dass ich den inneren Nüsternrand und den Außenrand des Pferdeauges sehe.

Mit dieser Übung kann ich wunderbar die so genannte Durchlässigkeit des Pferdes überprüfen – das heißt, ob es meine Hilfen leicht und willig annimmt und ob ich unterstützend einwirken kann.

Beim Schulterherein bewegt sich das Pferd auf drei Linien.

Setzt der Reiter den inneren Zügel zu stark ein und hält mit dem äußeren Zügel zu wenig gegen, läuft er Gefahr, dass das Pferd sich im Genick verwirft. Das bedeutet, dass es zwar sein Maul nach innen nimmt, dass das Genick und die Ohren aber nach außen zeigen. In dieser Haltung dringen feine Zügelhilfen nicht optimal zum Pferd durch. Bei der korrekten Stellung bleiben die Augen und Ohren waagerecht, also auf einer Höhe.

Zirkel verkleinern und vergrößern

Wenn das Pferd sich bereits zu einem gewissen Grad versammeln lässt, kann man die so genannte Spirale (Zirkel verkleinern und vergrößern) reiten. Dazu reite ich zu Beginn auf einem großen Zirkel und verkleinere die Kreise allmählich immer mehr, bis das Pferd sich schließlich auf einer kleinen Volte in der Zirkelmitte bewegt, wo eine Pylone als Markierung sehr hilfreich ist. Von dort aus vergrößere ich den Zirkel allmählich wieder.

Runde Zirkel: Diese Übung mit der Longe ist sehr hilfreich, um ein Gefühl für das Reiten von Zirkeln und Volten zu entwickeln.

Die Hilfengebung dazu sieht folgendermaßen aus: Ich sitze die ganze Zeit nach innen und gebe damit die Richtung an. Um den Zirkel zu verkleinern, verstärke ich die Gewichtsverlagerung nach innen; außerdem setze ich den äußeren Schenkel und den inneren Zügel vermehrt ein.

Zum Vergrößern sitze ich etwas weniger stark nach innen, lege den inneren Schenkel vermehrt an und weise dem Pferd mit dem äußeren Zügel die Richtung. Das Pferd bewegt sich nun immer weiter nach außen: Es vergrößert den Zirkel.

Zirkeltraining für den Reiter

Viele Reiter haben Probleme damit, richtig runde Kreise zu reiten. Ihnen kann die folgende Übung helfen, für die man einen Helfer benötigt: Der Helfer steht in der Zirkelmitte und hält das eine Ende einer Longe. Der Reiter nimmt das andere Ende und hängt sich die Longenschlaufe über den kleinen Finger. Nun reitet er im Kreis um seinen Helfer herum und versucht, die Longe immer in der gleichen Spannung zu halten. Sie darf weder auf den Boden durchhängen, noch darf die Spannung zu groß werden. So wird dem Reiter jede Abweichung von der Kreislinie sofort bewusst.

Kontrolle von Tempo und Schrittlänge

Um herauszufinden, ob Sie wirklich in der Lage sind, die Schrittlänge und das Tempo Ihres Pferdes zu kontrollieren, bietet sich eine Übung an, die ich bereits im Kapitel über Bodenarbeit beschrieben habe (siehe Seite 57): Legen Sie eine Stange auf den Boden, und bestimmen Sie vorab, mit welchem Vorderbein Ihr Pferd zuerst darüber treten soll. Damit das klappt, müssen Sie das Pferd rechtzeitig abbremsen, also seine Schrittlänge verkleinern, bzw. es beschleunigen, also seine Schritte vergrößern können. Diese Übung klingt ganz leicht, erfordert in der Praxis aber Einiges an Können. Wenn Sie die Übung im Schritt beherrschen, können Sie sie natürlich auch im Trab und Galopp ausprobieren.

nere Hinterbein vor dem äußeren Hinterbein kreuzt. Dabei dehnen sich die Sehnen, die Bänder und die Muskulatur auf der Außenseite des Pferdes. Folglich wird das Pferd durch die Hüftkontrolle beweglicher.

Die Übung zur Hüftkontrolle sieht wie eine Vorhandwendung in Bewegung aus. Ich sitze dazu deutlich nach außen und knicke innen in der Hüfte ein. Wenn das Pferd rechtsherum übertreten soll, setze ich mich also deutlich nach rechts, und zwar so weit, bis sich der linke Gesäßknochen in der Mitte des Sattels befindet. Ich belaste den rechten Steigbügel, habe aber mit dem rechten Unterschenkel keinen Kontakt zum Pferd. Den linken Unterschenkel nehme ich zurück, um das linke Hinterbein des Pferdes damit zu erreichen. Ich drücke jedes Mal, wenn das linke Hinterbein abfußt, mit meinem linken Schenkel, um das Pferd zu animieren, das Bein vermehrt unterzusetzen. Mein linker Zügel kontrolliert die Schulter. Versucht das Pferd nach rechts über die Schulter zu laufen, führe ich es mit dem linken Zügel vorwärts-abwärts nach links. Diese Zügelhilfe kann so weit gehen, dass ich den Arm dabei ganz ausstrecke. Auch hier ist es wichtig, den Impuls immer dann zu geben, wenn das linke Vorderbein abfußt. Je kürzer der linke Zügel ist, desto direkter ist die Verbindung zum Pferdemaul. Der rechte Zügel hängt durch.

Wenn das Pferd zwei, drei gute Tritte gemacht und die Hinterbeine dabei schön überkreuzt hat, beende ich die Hilfengebung zur Hüftkontrolle, lasse die Zügel gleich lang und gönne dem Pferd eine Entspannungsphase, da diese Übung für das Tier sehr anstrengend ist – für manche Reiter anfangs übrigens auch.

Danach wiederhole ich die Übung bis maximal fünfmal. Dabei achte ich darauf, dass das Pferd ruhig bleibt und sich nicht aufregt oder zu eilen beginnt. Auf Dauer sollte es lernen, sich bei dieser Übung zu entspannen. Sollte sich das Pferd dennoch aufregen und anfangen, zu schnell zu werden, muss der Schenkeldruck vermindert und der Schenkel evtl. noch weiter zurück gelegt werden.

Es ist sehr wichtig, dass der Reiter mit seiner Hüfte wirklich locker mit jedem Schritt rhythmisch in der Seitwärtsbewegung des Pferdes mitgeht. Indem er diese Hüftbewegung noch verstärkt, kann er das Pferd vermehrt zum Untertreten bewegen.

Sicherheit bei der Stangenarbeit

Für die Stangenarbeit verwende ich am liebsten Vierkanthölzer oder stabile Latten. Runde Stangen haben den Nachteil, dass das Pferd sich leicht verletzen kann, wenn es darauf tritt. Die Stangen können dabei beispielsweise wegrutschen und dem Pferd unter den Bauch bzw. zwischen die Beine rollen.

Hüftkontrolle

Die Hüftkontrolle gehört zu den vorbereitenden Übungen für Seitengänge und für die Vor- und Hinterhandwendung. Sie dient generell zur Verbesserung der Kontrolle über das Pferd. Gleichzeitig ist sie eine sehr gute gymnastizierende Übung.

Bei der Hüftkontrolle soll das Pferd mit seinem inneren Hinterbein unter seinen Bauch treten – und zwar so, dass das in-

Bei der Hüftkontrolle kreuzt das Pferd mit seinem inneren Hinterbein vor dem äußeren.

Reiter, die sich noch nicht so sicher fühlen, halten sich dabei am besten mit einer Hand am Sattelhorn fest.

Wenn ein Pferd auf meine Hilfengebung nicht richtig reagiert, also nicht von meinem Schenkel wegtritt, verstärke ich den Schenkeldruck und rege das Pferd durch zusätzliches Schnalzen dazu an, in Bewegung zu bleiben.

Schultergymnastik

Bei der Schultergymnastik rege ich das Pferd an, die Vorderbeine zu überkreuzen. Auch diese Übung leite ich gerne aus dem Schritt heraus ein, weil ich dabei den Takt und die Vorwärtsbewegung des Pferdes mit nutzen kann, um es zum Übertreten zu animieren.

Als Vorbereitung reite ich z.B. eine Rechtsvolte und setze mich nach rechts. Der rechte Schenkel liegt vorne am Gurt, den linken nehme ich minimal zurück und führe das Pferd ganz leicht am inneren (rechten) Zügel, während der äußere (linke) Zügel am Hals anliegt. Um die Schulter zu gymnastizieren, setze ich mich nun ganz deutlich nach links um, lasse das Pferd aber in der Rechtsstellung. Der rechte Unterschenkel bleibt vorne am Gurt, während ich das linke Bein jetzt ganz wegnehme. Allein durch das Umsitzen und durch das Wegnehmen des linken Schenkels veranlasse ich das Pferd, mit der Vorhand nach links zu laufen, obwohl es nach rechts gestellt ist. Ich treibe mit dem rechten Schenkel vermehrt vorne am Gurt und sitze rhythmisch immer dann nach links um und knicke rechts in der Hüfte ein, wenn das Pferd nach links tritt. Dadurch animiere ich das Pferd, mit dem rechten Vorderbein vor dem linken zu kreuzen. Den linken Zügel nehme ich immer dann leicht an, wenn das linke Vorderbein abfußt, und unterstütze damit die Vorwärts-Seitwärts-Bewegung nach links.

Nachdem das Pferd vier bis sechs Schritte gemacht hat, lasse ich es auf die Rechtsvolte, also in die Ausgangsposition, zurückkehren. Dazu setze ich mich wieder nach rechts um, stelle es um und lege den linken Schenkel und den linken Zügel wieder an.

Sowohl für die Hüft- als auch für die Schulterkontrolle muss der Reiter bereits ein sicheres Gefühl für seinen eigenen Körper und für den des Pferdes entwickelt haben. Das Pferd muss vorab schon gelernt haben, die Außenstellung zu akzeptieren – sonst hat es Probleme mit dieser Übung.

Bei der Schultergymnastik kreuzt das Pferd mit seinem äußeren Vorderbein über dem inneren.

Seitengänge

Wenn das Pferd die Schulter- und Hüftkontrolle verstanden hat und sicher beherrscht, kann man daraus die Seitengänge entwickeln.

Schenkelweichen

Gewöhnlich fange ich mit dem Schenkelweichen an. Bei dieser Übung tritt das Pferd vorwärts-seitwärts mit den Vorder- und Hinterbeinen über, wobei es entgegen der Bewegungsrichtung gestellt ist.

Anfangs reite ich eine Volte und lasse das Pferd – ähnlich wie beim Vergrößern des Zirkels (siehe Seite 128) – nach außen wegtreten. Dabei treibe ich es nicht von meinem Gewicht weg, wie es viele Reiter machen, sondern lasse es auch hier unter mein Gewicht treten. Ich verlagere mein Gewicht also extrem nach außen, lege den inneren Schenkel eine Handbreit zurück und treibe immer dann, wenn das innere Hinterbein abfußt. Dabei ist es wichtig, dass ich mein Gewicht bei jedem Seitwärtsschritt erneut nach außen verlagere. Beide Zügel kontrollieren das Kreuzen der Vorderbeine. Sobald das Pferd mich versteht und seitwärts tritt, kann ich meine Hilfengebung reduzieren.

Eine weitere Vorübung zum Schenkelweichen: Ich reite auf der linken Hand die lange Seite der Reitbahn entlang und durch die Ecke. In der Mitte der kurzen Seite wende ich nach links ab. Nun reite ich ein paar Schritte geradeaus durch die Länge der Bahn und stelle das Pferd dann nach rechts um, indem ich mein rechtes Bein am Gurt anlege und zur Unterstützung den rechten Zügel leicht verkürze. Jetzt verlagere ich mein Gewicht extrem nach links und treibe mit dem rechten Schenkel eine Handbreit hinter dem Gurt. Das Pferd wird nach links in Richtung Bande seitwärts unter mein Gewicht treten. Diese Übung eignet sich vor allem für solche Pferde, die die Anlehnung und die sichere Führung der Bande suchen, da ich erst bei Erreichen der Bande wieder geradeaus reite – nun auf der rechten Hand.

Eine andere Möglichkeit besteht darin, das Pferd mit dem Kopf gegen die Bande zu steuern, sodass es im spitzen (nicht im rechten!) Winkel zur Reitplatzbegrenzung geht. Wenn ich auf der linken Hand reite, setze ich mich nun vermehrt nach links und nehme meinen rechten Schenkel zurück. Er bleibt die ganze Zeit dort liegen – im Wechsel zwischen aktiver Einwirkung und Passivität. Den rechten Zügel nehme ich zur Rechtsstellung leicht an. Je nach Ausbildungsstand muss ich dem Pferd eventuell mit dem linken Zügel den Weg nach links zeigen. Wenn das Pferd schon besser ausgebildet ist, halte ich es mit dem linken Zügel und Kniedruck davon ab, mit der Schulter zu schnell vorzulaufen. Mein rechtes Bein treibt, wenn das rechte Hinterbein abfußt, denn dieses Bein soll vor dem linken Hinterbein übertreten. Auch für die Vorhand gilt, dass das rechte Vorderbein vor dem linken kreuzen soll. Die Zügelhilfen sind auf den Takt der Vorderbeine abgestimmt. Das heißt, dass der linke Zügel das linke Vorderbein und der rechte Zügel das rechte Vorderbein führt – und zwar jeweils in dem Moment, in dem das entsprechende Bein abfußt.

Beim Schenkelweichen sollten beide Beinpaare gleichmäßig weit über Kreuz treten. Oft treten die Pferde aber nur vor und kreuzen nicht über das andere Bein, oder sie kreuzen lediglich die Vorderbeine, während sie die Hinterbeine nur nebeneinander setzen. Um das Übertreten zu verbessern, wirke ich mit der äußeren (in unserem Beispiel linken) Hand ein, bremse damit die Vorwärtstendenz des Pferdes und erleichtere es ihm folglich, von meinem treibenden Schenkel weg vermehrt seitwärts zu treten.

Zu den häufigsten Fehlern beim Schenkelweichen gehört es, dass das Pferd mit der Schulter vorauseilt. In diesem Fall muss ich seine Schulter (um bei unserem Beispiel zu bleiben) mit meinem linken Knie ein wenig bremsen. Gleichzeitig treibe ich mit dem rechten Schenkel etwas stärker und gebe dem Pferd mit meiner Gewichtsverlagerung den Takt vor.

Stelle ich das Pferd zu stark von der Bande ab, so kann es passieren, dass es nach rechts abdreht. Dann muss ich mein linkes Knie wieder etwas mehr öffnen und den Hals durch Zügelhilfen die richtige Position bringen.

Bis das Schenkelweichen wirklich flüssig geritten werden kann, muss der Reiter unter Umständen permanent korrigieren: Einmal muss er mehr im Schulterbereich einwirken, beim nächsten Schritt mehr im Hüftbereich. Es kann eine Weile dauern, bis das Pferd seinen Rhythmus gefunden hat und verstanden hat, was der Reiter von ihm will.

Seitengang mit Hüfte voraus

Beim Westernreiten ist es besonders wichtig, dass der Reiter nicht nur die Schulter und die Hüfte seines Pferdes von der Stellungsrichtung wegbewegen kann. Als Vorstufe für Galoppwechsel, Spins etc. muss sich die Hüfte auch in Bewegungs- und Stellungsrichtung verschieben lassen.

Am einfachsten ist diese Übung vom Hufschlag aus durchzuführen. Das Pferd ist dabei in die Bewegungsrichtung gestellt. Die Vorhand bleibt auf dem Hufschlag, während das Pferd die Kruppe in die Bahn hineinnimmt.

Wenn ich rechtsherum reite, gebe ich folgende Hilfen: Das Pferd ist nach rechts gestellt, und ich sitze nach rechts. Meine rechte Schulter und meine rechte Hüfte sind leicht vorgeschoben. Nun fange ich an, die Kruppe mit dem zurückgelegten linken Schenkel energisch nach rechts zu schieben. Immer wenn das linke Hinterbein abfußt, übe ich mit dem zurückgenommenen linken Schenkel Druck aus. Mit dem rechten, inneren Bein am Gurt halte ich die Vorhand außen, sodass das Pferd nicht mit der Schulter nach innen driftet. Die rechte Hand halte ich etwas höher als die linke, damit das Pferd in der Rechtsstellung bleibt. Meine linke Hand hält die Vorhand auf dem Hufschlag.

Beim Seitengang mit der Hüfte voraus kann es passieren, dass das Pferd mit der Vorhand in Stellungsrichtung nach innen läuft, statt die Kruppe hereinzunehmen. Wenn das der Fall ist, muss der Reiter die Zügel wechselseitig mehr annehmen – aber bitte immer weich bleiben, annehmen, nachgeben, annehmen, nachgeben. Damit das Pferd die Zügelhilfe nicht als Aufforderung zum Verlangsamen versteht, muss der Reiter aktiv mit dem Schenkel nachschieben und die Bewegung durch seinen Sitz unterstützen. Diese Seitwärtsbewegung mit dem Becken ähnelt der, die ich beim Schenkelweichen (siehe links) einsetze.

Als vorbereitende Hilfe kann man sich vier Pylonen mindestens fünf Meter von der Bande entfernt als Viereck aufstellen (siehe Seite 119). Nun reitet man z.B. auf der linken Hand zwischen Bande und Pylonen. Wenn das Pferd mit den Vorderbeinen eine Pylone erreicht, setzt man sich nach rechts, obwohl man linksherum reitet, und stellt es mit dem Kopf nach rechts. Dazu nimmt man die rechte Hand höher, lässt den linken Zügel anstehen, legt den rechten Schenkel locker an den Gurt und drückt mit dem linken Schenkel die Kruppe herum. Die Vorhand macht vielleicht einen Tritt, während die Hinterhand drei bis vier Tritte nach rechts machen und dabei überkreuzen soll. Gleich danach richtet man das Pferd wieder zwischen beiden Unterschenkeln und Zügeln gerade – bis zur nächsten Pylone, wo man das Ganze wiederholt. Doch auch für diese Übung gilt: Bitte nicht zu viel auf einmal fordern! Ein, zwei Runden ums Quadrat genügen fürs Erste völlig.

Seitengang mit Hüfte voraus

Seitwärts-Seitwärts

Bei den bisher aufgeführten Seitengängen handelte es sich um Vorwärts-Seitwärts-Bewegungen. Beim reinen Seitwärtstreten muss das Pferd dagegen nur zur Seite treten, sodass gar keine Vorwärtsbewegung mehr stattfindet. Diesen Bewegungsablauf benötigt man beispielsweise im Trail beim Seitwärtstreten über Stangen. Beim Seitwärts-Seitwärts soll das Pferd geradegestellt und ungebogen sein.

Die Hilfengebung ist genauso wie bei den anderen Seitengängen, nur dass – beim Seitwärtstreten nach links – die linke Pferdeschulter deutlich mehr blockiert werden muss. Das Kreuzen der Vorderbeine fällt den meisten Westernpferden nämlich wesentlich leichter als das Kreuzen der Hinterbeine, weil das Übertreten der Vorderbeine bei den einzelnen Übungen wesentlich häufiger trainiert wird. Deshalb ist das Blockieren der Schulter so wichtig. Wenn das Pferd trotzdem noch leicht nach vorne tritt, setze ich den linken Schenkel und das linke Knie ein, um das linke Vorderbein zu begrenzen. Auch mit dem linken Zügel hemme ich die Bewegung des linken Vorderbeins beim Abfußen bzw. lenke es nach hinten.

Es ist sinnvoll, diese Übung erst vom Boden aus, also ohne Reiter, zu trainieren. Das Seitwärtstreten über Stangen sollte man erst dann üben, wenn das Pferd die Bewegung ohne Stange sicher beherrscht. Zu Beginn kann man das Seitwärts-Seitwärts auf dem Hufschlag trainieren, wobei der Kopf des Pferdes zur Bande zeigt. Auch hier gilt: Gehen Sie unbedingt langsam vor, gönnen Sie Ihrem Pferd viele Ruhepausen, und achten Sie auf totale Entspannung. Fragen Sie jede einzelne Bewegung separat ab: ein Schritt Schulter, ein Schritt Hüfte – Pause – Schritt – Pause. Es dauert seine Zeit, bis die Abfangbewegung der Schulter fließend in die treibende Hilfe für die Hüfte übergeht und das Pferd beide Bewegungen miteinander verbinden kann.

Beim Geradeausreiten zwischen zwei Stangen bekommt man ein gutes Gefühl dafür, wie gerade sich das Pferd bewegt.

Das Gerade-richten

Das Geraderichten ist die Voraussetzung für viele Lektionen wie z.B. einen geraden Stop.

Erst wenn der Reiter die Schulter und die Hüfte seines Pferdes kontrollieren kann, kann er es auch geraderichten. Denn Geraderichten bedeutet nicht, einfach geradeaus zu reiten. Beim Geraderichten wird die natürliche Schiefe des Pferdes ausgeglichen, da es – wie bereits erwähnt – auch bei den Pferden Rechts- und Linkshänder gibt. Die meisten Pferde laufen von Natur aus mit der Hinterhand nicht exakt in der Spur der Vorhand, sondern immer ein wenig versetzt. Diese Schiefe kann man durch die bisher beschriebenen Übungen, vor allem durch die Seitengänge, abbauen.

Beim Geraderichten ist es wichtig, dass die Vorhand auf die Hinterhand eingestellt wird und nicht umgekehrt. Denn von der Hinterhand geht der Schwung, der Schub aus. Sie ist die treibende Kraft, und das Pferd soll sein Gewicht vermehrt mit der Hinterhand aufnehmen. Im Gegensatz dazu hat die Vorhand in erster Linie eine richtungweisende Funktion. Um die Vorhand auf die Hinterhand einzustellen, übe ich nach beiden Seiten das Schulterherein (siehe Seite 127).

Um ein Gefühl für das Geraderichten zu bekommen, können Sie vier Stangen, je zwei hintereinander, in Form eines langen Trichters auf den Boden legen. Auf der einen Seite liegen die Stangen noch relativ weit auseinander, auf der anderen Seite ganz nah beieinander. Schauen Sie geradeaus, und reiten Sie so gerade wie möglich durch diesen Trichter – erst im Schritt, später im Trab und im Galopp. Wenn das gut klappt, können Sie die Stangen allmählich immer mehr parallel zueinander legen.

Bei dieser Übung können Sie – nach Möglichkeit in Kombination mit Videoaufnahmen – gleichzeitig Ihren Sitz korrigieren, da Sie selbst von Natur aus auch eine gewisse Schiefe mitbringen, die Sie über den Sitz an das Pferd weitergeben. Jeder Reiter sollte sich von einem kompetenten Trainer auf diese Schiefe hin untersuchen lassen, die man beispielsweise durch neue Bügeleinstellungen bzw. eine entsprechende Sitzkorrektur reduzieren kann.

Einfacher Galoppwechsel (über Trab)

Um vom Links- in den Rechtsgalopp (siehe Seite 117) oder umgekehrt zu wechseln, pariere ich das Pferd für ca. fünf Tritte zum Trab durch, verlagere mein Gewicht auf die andere Seite, gebe die entsprechende Schenkelhilfe und lasse es erneut angaloppieren – nun aber im anderen Galopp.

Dazu reite ich zunächst z.B. im Rechtsgalopp auf einem Rechtszirkel. Das Pferd ist leicht nach rechts gestellt. Ich sitze nach rechts und habe meinen linken Schenkel etwas zurückgelegt; der rechte liegt am Gurt. Nun pariere ich das Pferd zum Trab durch und richte es gerade, bevor ich auf den Linkszirkel wechsele. Ich setze mich nach links und lege den rechten Schenkel zurück. Jetzt nehme ich die linke Hand etwas höher, stelle das Pferd leicht nach links und galoppiere wieder an.

Da viele Pferde dazu neigen, Bewegungsabläufe auswendig zu lernen, sollten Sie den Galoppwechsel nicht zu häufig in der Bahnmitte bei X üben. Sonst nehmen die Pferde den Wechsel gerne vorweg und warten nicht mehr auf die Reiterhilfen.

Praktische Galoppwechsel

Im Gelände stößt man immer wieder auf Reitwege, die schlangenlinienförmig angelegt sind. Für das Pferd kann es sehr anstrengend sein, die Kurven ständig im Außengalopp zu nehmen. Hier sind einfache Galoppwechsel empfehlenswert.

Die Hinter-handwendung

Bei der Hinterhandwendung nach links kreuzt das rechte Vorderbein vor dem linken.

Bei der Hinterhandwendung sollen die Hinterbeine auf einem tellergroßen Platz fast auf der Stelle treten, während die Vorderbeine einen Kreis um die Hinterhand herum beschreiben und dabei über Kreuz treten. Das Pferd wird nicht gebogen, sondern nur leicht gestellt.

Für eine Wendung nach links halte ich auf der linken Hand auf dem Hufschlag an, setze mich etwas nach links und schiebe meine linke Hüfte und die linke Schulter etwas vor. Mit dem linken Zügel gebe ich dem Pferd eine leichte Linksstellung und weise ihm die Richtung nach links. Den äußeren (rechten) Zügel fasse ich etwas kürzer, damit das Pferd sich nicht zu sehr biegt, sondern nur eine ganz leichte Stellung nach links bekommt. Ich begrenze die Vorwärtstendenz des Pferdes mit beiden Zügeln, indem ich sie abwechselnd beim Abfußen des jeweiligen Beins leicht annehme. Dabei übernimmt der linke Zügel die Hauptaufgabe. Den linken Schenkel nehme ich vom Pferd weg und achte darauf, nicht mit dem Knie zu klemmen. Mein rechter Schenkel liegt zu Beginn der Hinterhandwendung etwa auf Gurthöhe an und übt dort Druck aus. Sobald das Pferd den ersten Tritt gemacht und die Vorhand bewegt hat, treibe ich mit meinem rechten Bein immer weiter hinten. Nach ca. 45 Grad wird die Gefahr groß, dass es sich biegt und mit den Hinterbeinen wegtritt. Um in diesem Fall sofort einwirken zu können, muss der rechte Schenkel schon hinten bereitliegen. Außerdem fange ich das Pferd vorne mit dem äußeren (rechten) Zügel ab, um eine zu starke Biegung zu verhindern.

Bei der Hinterhandwendung soll das äußere Vorderbein jeweils vor dem inneren kreuzen. Daher muss die linke innere Zügelhand das linke Vorderbein immer wieder etwas zurücksetzen.

Wenn das Pferd rückwärts tritt, hat der Reiter zu stark oder zu lang mit dem Zügel eingewirkt, oder sein Schenkel war zu passiv. Deshalb ist es so wichtig, hinten zu sitzen und mit dem Schenkel genügend Vorwärtsimpulse zu geben. Tritt das Pferd nach vorne weg, so muss man wieder mit den Zügeln korrigieren.

Achtung: Der größere Fehler ist es, wenn das Pferd nach hinten wegtritt. Denn es ist sehr schwer, ein Pferd, das sich nach hinten entzieht, durch Treiben mit den Schenkeln wieder vorwärts zu bewegen. Je stärker der Reiter treibt, desto schneller weicht das Pferd meist rückwärts aus. Lassen Sie Ihr Pferd also lieber ein bisschen nach vorne treten.

Die Hinterhandwendung ist ein permanentes und sehr feines Spiel zwischen Annehmen und Nachgeben, dessen Feinheiten der Reiter mit der Zeit herausfinden und erlernen muss.

Um Ihr Gefühl dafür zu verbessern, wo sich die Hinterbeine bei der Hinterhandwendung befinden, können Sie diese Wendung auch um eine Pylone herum ausführen. Dabei wird der Aktionsradius der Hinterhand nicht auf die üblichen 30 Zentimeter beschränkt, sondern er erweitert sich auf 50 bis 90 Zentimeter. So können Sie gut überprüfen, ob Sie sich immer in der richtigen Position befinden,

in der die Schweifrübe zur Pylone zeigt. Zwischendurch können Sie immer mal wieder stehen bleiben, sich durch einen Blick nach hinten vergewissern, ob noch alles stimmt, und dann wieder neu ansetzen. Ist die Schweifrübe zu weit von der Pylone entfernt, dann haben Sie Ihr Pferd nach vorne wegtreten lassen. Ist die Hinterhand schon an der Pylone vorbeigetreten, so haben Sie mit dem Schenkel hinten zu stark gegengehalten und die Schulter nicht mitgenommen. Auch hier gilt: Fordern Sie die Übung nicht gleich in einem Schwung, sondern lassen Sie Ihr Pferd Stück für Stück um die Pylone herumtreten. Diese Übung bietet Ihnen eine hervorragende Möglichkeit, sich selbst zu überprüfen.

Die Vorhandwendung

Bei dieser Übung soll das Pferd mit den Hinterbeinen (die wieder übertreten sollen) um die Vorhand herumtreten.

Für eine Vorhandwendung nach rechts setze ich mich nach rechts, schiebe meine rechte Hüfte etwas vor und lege meinen linken Schenkel ca. zwei Handbreit zurück – was durch die vorgeschobene Hüfte erleichtert wird. Mit dem linken Zügel stelle ich das Pferd minimal nach links. Nun fange ich an, mit dem lin-

Locker am Gebiss: das Pferd hat gelernt, nachzugeben, wenn ich den Zügel annehme.

Bei der Vorhandwendung nach rechts kreuzt das linke Hinterbein vor dem rechten Hinterbein.

ken Schenkel zu treiben, um das linke Hinterbein vor dem rechten kreuzen zu lassen. Im ersten Viertel der Wendung verkürze ich den rechten Zügel, lege ihn an den Hals und lasse meinen rechten Unterschenkel ganz leicht vorne am Gurt liegen, um die Schulter zu blockieren. Nach einer Vierteldrehung nehme ich den rechten Zügel etwas vom Hals weg. Würde ich ihn dort zu lange liegen lassen und das Pferd zu stark nach links stellen, so könnte es passieren, dass die Schulter des Pferdes nach links wegläuft. Ich muss meine Einwirkung über den rechten Zügel ganz fein und sachte dosieren, damit das Pferd mit der Schulter auf dem Hufschlag bleibt und nicht nach vorne tritt.

Bei einer Vorhandwendung nach rechts sollte das rechte Vorderbein des Pferdes auf seinem Platz stehen bleiben. Für die Beine des Pferdes ist es allerdings gesünder, wenn auch die Vorderbeine leicht mit herumtreten.

Und immer wieder der Sitz ...

Bei allen Seitengängen, bei der Schulter- und Hüftkontrolle sowie bei Vor- und Hinterhandwendungen ist es wichtig, mit dem Oberkörper gerade im Sattel sitzen zu bleiben und sich nicht mit dem Gesäß aus dem Sattel zu drücken oder sich fast in die Bügel zu stellen. Man sollte also weder nach vorne noch nach hinten geneigt sitzen und unbedingt mit dem Becken die Seitwärtsbewegungen vorgeben bzw. mitmachen.

In der Westernreiterei wird die natürliche Versammlungshaltung am langen Zügel angestrebt.

Die Versammlung

In der Versammlung nimmt das Pferd mehr Gewicht mit der Hinterhand auf und tritt mit den Hinterbeinen vermehrt an den Schwerpunkt heran. Bei einem entsprechend vorbereiteten Pferd erreiche ich das, indem ich meinen Unterschenkeldruck etwas erhöhe und gleichzeitig die Zügelhände stehen lasse. Ich reite das Pferd praktisch mit den Schenkeln an die Hand. Außerdem erhöhe ich meine Körperspannung. Ich sitze aufrecht und spanne sowohl die Bauch- als auch die Rückenmuskulatur leicht an.

Der beidseitige Schenkeldruck führt dazu, dass das Pferd seinen Rücken hebt. Dabei verkürzt es sich, und der Zügel wird locker. Das Pferd trägt sich selbst – und mich –, ohne sich dabei auf die Vorhand zu stützen. In dem Moment, in dem sich sein Rücken hebt, es sich also selbst trägt, ist die Versammlung erreicht. Gleichzeitig gibt das Pferd mit Hals und Kopf nach und sorgt so selbst dafür, dass der Zügelkontakt gelöst wird. Ich halte die Verbindung zum Pferdemaul nicht, sondern lasse das Pferd den Zügel lockern. Der Zügel hängt durch, da ich die Hand ja stehen lasse und nicht rückwärts ziehe oder den Zügel permanent neu aufnehme. Sobald sich das Pferd allerdings bewusst auf die Hand legt, unterbreche ich den Zügelkontakt abrupt, damit es sich nicht auf dem Gebiss ausbalanciert. Dann stelle ich den Zügelkontakt erneut her. Das muss unter Umständen mehrmals wiederholt werden. Es kann aber auch sein, dass das Pferd sich auf den Zügel legt, weil es keine Kraft mehr hat, die versammelte Haltung noch länger durchzuhalten. So weit sollte es der Reiter allerdings gar nicht kommen lassen.

Ein Westernpferd sollte nicht permanent versammelt geritten werden, sondern überwiegend am langen Zügel. Wenn es aber nur am losen Zügel geritten wird, fällt es mit der Zeit immer mehr auf die Vorhand. Dabei spielt der Körperbau des Pferdes eine große Rolle. Manche Westernpferde sind so genial gebaut, dass sie sich ohne viel Arbeit in natürlicher Versammlungshaltung bewegen und sich fast von selbst auf der Hinterhand tragen.

Die Versammlung erfordert exaktes Timing, sowie eine gute Balance und Vorbereitung. Es hat nichts mit Versammlung zu tun, den Pferdekopf einfach nur über den Zügel tief zu halten, wenn das Pferd sich nicht gleichzeitig auf der Hinterhand trägt. Deshalb sollten Pferd und Reiter die Versammlung unbedingt von einem erfahrenen Trainer lernen.

Die Western-disziplinen

Die Vielseitigkeit der Westernreiterei zeigt sich auch in den zahlreichen unterschiedlichen Turnierdisziplinen. Hier kann sich jeder Reiter die Disziplinen aussuchen, die ihm und seinem Pferd besonders gut liegen und die beiden Spaß machen ...

180

Es würde den Rahmen dieses Buches sprengen, alle Turnierdisziplinen detailliert zu beschreiben. Hier soll nur ein kurzer Überblick gegeben werden. Wer weiß: Vielleicht haben Sie nach der Grundausbildung ja Lust, ein bisschen Turnierluft zu schnuppern ...

Halter

In dieser Prüfung werden die Pferde mit Halfter, Kette und Führriemen an der Hand vorgestellt. Beurteilt werden ihre Bewegungen, ihr Aussehen und ihr Benehmen. Die Halter wurde sowohl für Züchter als auch für Liebhaber der Westernpferde, die weniger Interesse am Reiten haben, ins Leben gerufen. Die Halter-Pferde sind oft richtiggehende Bodybuilder-Typen, die in erster Linie auf einen korrekten Körperbau hin gezüchtet und ausgebildet werden. Sie müssen für diese Prüfung nicht eingeritten sein, können also bereits als Jungpferde vorgestellt werden.

Showmanship at Halter

Auch in dieser Prüfung werden die Pferde mit Halfter, Kette und Führriemen an der Hand vorgestellt. Dabei wird eine kleine Aufgabe vorgeführt, die z.B. aus Antraben, Drehen auf der Hinterhand, Rückwärtsrichten und Aufstellen bestehen kann. In der Showmanship at Halter wird nur der Vorsteller bewertet, der das Pferd vorführt;das Pferd ist lediglich Mittel zum Zweck.

Pleasure

Sie ist die Materialprüfung für Westernpferde. Die Tiere werden unter dem Sattel in den Grundgangarten Schritt, Jog, Trab und Galopp vorgestellt. Außerdem können eine Hinterhandwendung und das Rückwärtsrichten verlangt werden. Dabei werden die Bewegungen des Pferdes in den Grundgangarten beurteilt. Es soll sich taktmäßig und gerade bewegen, flach auf- und abfußen, ruhig zu sitzen sein und locker und entspannt gehen. Die Pleasure wird sehr langsam am losen Zügel geritten. Das Pferd soll sich taktrein bewegen, ohne auf die Vorhand zu fallen. Der Sitz des Reiters wird bei der Pleasure nicht bewertet.

Für die Pleasure sind ruhige Pferde, die von Natur aus keinen sehr ausgeprägten Vorwärtsdrang haben, besonders gut geeignet. Es gibt auch spezielle Zuchtlinien für Pleasure-Pferde.

Die Pleasure ist eine gute Disziplin für Reiter, die es gemütlich mögen, da alle Bewegungen sehr ruhig und flach sind.

Trail

In Trailprüfungen müssen Pferd und Reiter einen Geschicklichkeitsparcours durch und über Hindernisse absolvieren. Dafür braucht man ein Pferd, das sehr fein auf Schenkel- und Gewichtshilfen eingestellt ist. Außerdem sollte es nervenstark sein und dem Reiter fast blind vertrauen, da immer wieder Schreckhindernisse bewältigt werden müssen. Das Pferd muss die verschiedensten Hilfen des Reiters klar unterscheiden können und prompt reagieren. Gleichzeitig soll es selbstständig mitarbeiten.

Zu den Aufgaben kann es beispielsweise gehören, durch Tore und Flattervorhänge zu reiten oder einen Gegenstand hinter sich herzuziehen. Das Pferd muss z.B. vorwärts und rückwärts durch oder über diverse Stangenkombinationen schreiten, seitwärts über Stangen treten, über Wippen und Brücken gehen oder über eine Plane treten. Fast alle Trailhindernisse sind in irgendeiner Form dem Cowboyalltag entliehen.

Der Trail wird nicht auf Zeit geritten. Punkteabzüge gibt es für das Anklopfen an Hindernisse, für das Umwerfen von Hindernissen und für jedes unnötige Verzögern beim Anreiten von Hindernissen.

Positiv bewertet werden die Zuverlässigkeit, die Nervenstärke, der Gehorsam, die Selbstständigkeit und die Manier des Pferdes. Es soll die Hindernisse sauber, glatt und aufmerksam nehmen. Außerdem soll der Reiter den Richtern demonstrieren, dass er in der Lage ist, sein Pferd fein im Tempo zu regulieren und es Bein für Bein, Schritt für Schritt zu dirigieren.

Gehorsamkeitsprüfung: Im Trailparcours sollen die Pferde selbstständig mitarbeiten.

Western Riding

In der Western Riding werden die Grundgangarten Schritt, Jog und Galopp sowie das Rückwärtsrichten und das Überreiten einer Stange im Jog oder im Galopp verlangt. Außerdem müssen Pferd und Reiter mehrere fliegende Galoppwechsel zeigen. Die Übungen sollen locker, gelassen, entspannt und punktgenau ausgeführt werden; das Pferd soll sich frei und leicht bewegen. Bewertet werden die Qualität seiner Bewegungen und seiner Galoppwechsel, sein Gehorsam gegenüber den reiterlichen Hilfen und seine Manier.

Horsemanship

Diese Prüfung besteht aus zwei Teilen: der Pattern (Aufgabe) und der anschließenden Pleasure (siehe Seite 142). Alle Teilnehmer bekommen die gleiche Aufgabenstellung. Beurteilt werden der Sitz und die geschmeidige Hilfengebung des Reiters sowie die Harmonie zwischen Pferd und Reiter. Bei der Horsemanship steht die Bewertung des Reiters klar im Vordergrund – im Gegensatz zu den anderen gerittenen Prüfungen, in denen die Richter in erster Linie auf das Pferd bzw. auf die Ausführung der Lektionen achten.

Westerndressur: In der Reining werden unter anderem Sliding Stops verlangt. Dabei gleitet das Pferd einige Meter auf den Hinterhufen über den Boden, bevor es zum Stehen kommt.

Beispiel einer Reining-Aufgabe: Reining Pattern 3

Beginn des Manövers aus dem Stand oder Schritt

1. Schneller Galopp durch die Länge der Bahn über die mittlere Pylone hinaus
2. Sliding Stop
3. Mind. 3 m gerade rückwärtsrichten bis zur Bahnmitte und verharren
4. 4 Spins rechts, ohne Verharren
5. 4 1/2 Spins links, verharren
6. 2 Zirkel im Linksgalopp: der erste klein und langsam, der zweite groß und schnell; vor Abschluss des zweiten Zirkels gerade nach 7
7. Rollback rechts mindestens 3 m von der Bande entfernt
8. 2 Zirkel im Rechtsgalopp: der erste klein und langsam, der zweite groß und schnell, vor Abschluss des zweiten Zirkels gerade nach 9
9. Rollback nach links
10. Galopp zum Bahnmittelpunkt und großer, schneller Zirkel auf der linken Hand, fliegender Galoppwechsel
11. Großer, schneller Zirkel auf der rechten Hand, fliegender Galoppwechsel
12. Einleiten eines großen, schnellen Zirkels auf der linken Hand; vor Abschluss des Zirkels gerade nach 13
13. Sliding Stop, mind. 3 m von der Bande entfernt, verharren
14. Zur Inspektion von Gebiss und Zaumzeug zum Richter kommen

Text und Zeichnung sind dem Regelbuch 1997/98 der Ersten Westernreiter Union Deutschland e.V., D-49328 Melle-Riemsloh, entnommen.

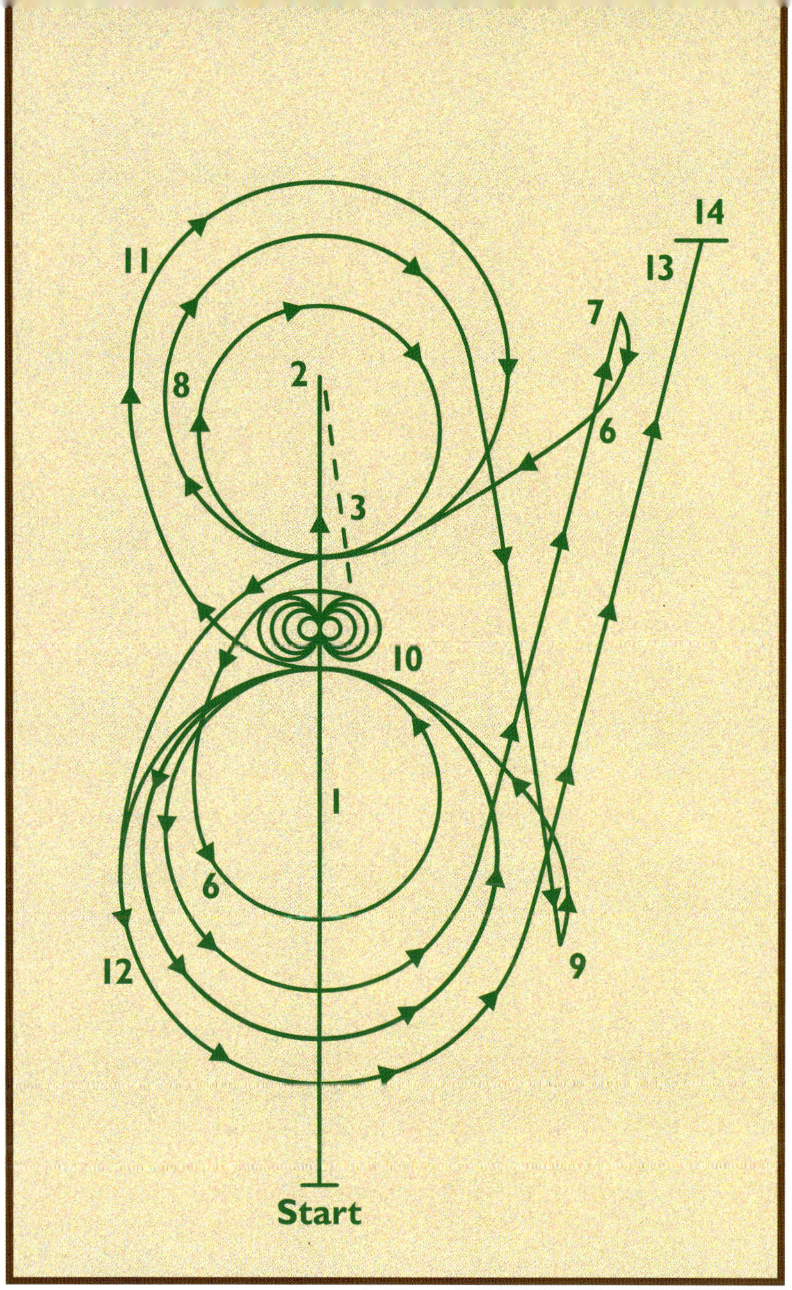

Reining

Sie ist die so genannte Westerndressur. Die Reining wird ausschließlich im Galopp geritten und beinhaltet große und kleine, schnelle und langsame Galoppzirkel, fliegende Galoppwechsel, Sliding Stops, Spins (mehrere schnelle Hinterhandwendungen um mindestens 360 Grad), Rollbacks (gesprungene Hinterhandwendungen um 180 Grad) und Rückwärtsrichten.

Je schneller eine Reining geritten wird, desto höher ist der Schwierigkeitsgrad. Der Reiter bekommt für seine Risikobereitschaft Pluspunkte. Die Richter möchten sehen, dass sich das Pferd kontrolliert und willig für den Reiter einsetzt.

Die Reining verlangt vom Reiter eine sehr leichte Hilfengebung und viel Wissen über die Bewegungsabläufe des Pferdes, einen sehr guten Sitz und ein hervorragendes Reaktionsvermögen.

Working Cowhorse: Bei der Fence Work muss das Pferd schnell und wendig sein.

Working Cowhorse

Diese Prüfung besteht aus zwei Teilen: der Dry Work, einer verkürzten Reiningprüfung (Pattern), und der Fence Work, bei der Pferd und Reiter innerhalb von zwei Minuten ein Rind durch die Arena dirigieren und kontrollieren müssen.

Bei der Bewertung der Rinderarbeit kommt es vor allem darauf an, dass das Pferd zu jeder Zeit die Kontrolle über die Kuh behält und seinen Cow Sense (Rinderinstinkt) sowie seine Leistungsfähigkeit demonstriert. Diese Prüfung entspricht der täglichen Rinderarbeit auf den Ranches, zu der es z.B. gehört, ausgebrochene Rinder wieder einzufangen oder sie fürs Brennen bzw. für tierärztliche Behandlungen auszusortieren.

Cutting

In einer Cuttingprüfung hat das Pferd zweieinhalb Minuten Zeit, um nacheinander einzelne Rinder aus einer Herde auszusondern (zu cutten) und die gecutteten Tiere in der Mitte der Arena zu halten bzw. sie am Zurücklaufen zur Herde zu hindern. Dabei bestimmt der Reiter, welches Rind jeweils gecuttet werden soll. Das Pferd soll auch hier weitgehend selbstständig arbeiten und muss dafür einen hervorragenden Cow Sense haben. Diesen Cow Sense kann man in etwa mit dem Hüte- und Treibinstinkt eines Schäferhundes vergleichen.

Pferd und Reiter werden beim Cutting von vier Helfern unterstützt, die die Herde zusammentreiben, sie ruhig halten und die Rinder positionieren. Dieses Helferteam wird nicht mitbewertet.

Für alle Rinderdisziplinen müssen Pferd und Reiter sehr viel Erfahrung mit Rindern haben. Der Reiter darf sich am Sattelhorn festhalten. Das ist kein Zeichen von Schwäche oder einem schlechten Sitz, sondern hilft ihm, den Schwerpunkt im Sattel zu finden. Die Prüfung wird von dem Moment an, in dem das jeweilige Rind angesprochen ist, ohne Zügelhilfen geritten – nur mit Schenkel- und Gewichtseinwirkungen. Bewertet werden die Manier und die ruhige Rinderarbeit des Pferdes sowie seine korrekte Positionierung.

Superhorse

Die Superhorse ist eine kombinierte Prüfung mit Elementen aus Trail, Western Riding, Pleasure und Reining. Sie ist sozusagen die Vielseitigkeitsprüfung für Westernpferde und –reiter.

Beispiel einer Superhorse-Aufgabe: Superhorse Pattern

Trail-Abschnitt

1. Öffnen, Durchreiten und Schließen des Tores
2. Rückwärtsrichten durch ein Stangen-„L"
3. Angaloppieren zum Linksgalopp, Lope Over, Sprung über eine max. 35 cm erhöhte Stange

Western Riding-Abschnitt

4. Fliegende Galoppwechsel auf der langen Seite

Western Pleasure-Abschnitt

5. Starker Trab von A nach B
   Jog von B nach C
   Starker Trab von C nach D

Reining-Abschnitt

6. 1 1/2 große, schnelle Zirkel nach rechts,
   1 kleiner, langsamer Zirkel nach rechts
7. Stop, 2 Spins rechts
8. 1 kleiner, langsamer Zirkel nach links
   Stop, 2 Spins links
9. 3/4 Zirkel rechts und gerader Run down, zwischen letzter und vorletzter Pylone Sliding Stop, 10 Tritte rückwärtsrichten, im Schritt zum Richter zur Inspektion von Gebiss und Zaumzeug.

Text und Zeichnung sind dem Regelbuch 1997/98 der Ersten Westernreiter Union Deutschland e.V., D-49328 Melle-Riemsloh, entnommen.

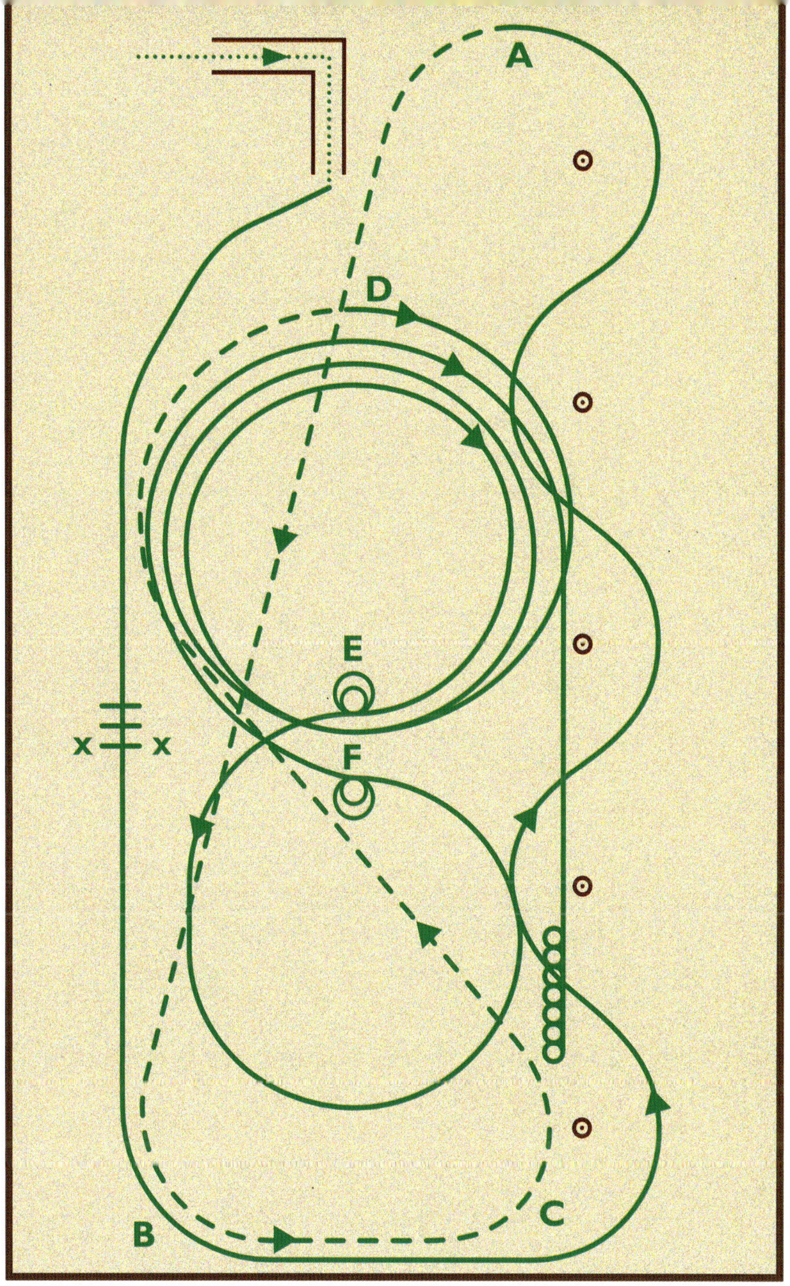

Rennen

Außerdem kann man an diversen Rennen teilnehmen, beispielsweise am Barrel Race, bei dem man möglichst schnell drei Tonnen in der Arena nach einem festgelegten Kurs umrunden muss. Dabei wird nur auf Zeit geritten – genauso wie beim Pole Bending, bei dem ein Slalom um sechs Stangen in der Arena verlangt wird.

Englischklassen

Zudem gibt es die so genannten Englischklassen, in denen die Westernpferde und –reiter mit englischem Equipment (Vielseitigkeits- oder Springsattel, englische Zäumung mit beidhändiger Zügelführung, Jagdreiterkleidung) antreten. In diesen Prüfungen werden teilweise auch kleine Sprünge verlangt. Die Englischklassen sollen die enorme Vielseitigkeit der typischen Westernpferderassen beweisen. Sie werden nur auf Turnieren der Zuchtverbände angeboten.

Westernreiten lernen – aber bitte richtig!

Leider gibt es immer noch zu wenig Möglichkeiten, bei erfahrenen Trainern auf gut ausgebildeten Schulpferden Unterricht zu nehmen. Nicht alles, was sich Westernreitunterricht nennt, ist für Reiter und Pferd auch wirklich gut. Deshalb sollten Sie sich genau umsehen und bei verschiedenen Trainern Schnupperstunden nehmen, bevor Sie sich und/oder Ihr Pferd langfristig von einem Trainer schulen lassen ...

Leider Mangelware: Westernreitunterricht auf guten Schulpferden

Reiten lernen auf Schulpferden

Dass es so schwierig ist, gute Trainer mit gut ausgebildeten Schulpferden zu finden, hat seinen Grund: Die Pferde stumpfen durch den Unterricht mit unterschiedlichen ungeübten Reitern leicht ab. Es kostet sehr viel Zeit, sie immer wieder so zu korrigieren, dass auch unerfahrene Reiter viel von ihnen lernen können. Denn dafür müssen die Pferde besonders gut trainiert sein und fein reagieren. Nur so können die Reitschüler verstehen und erspüren, worauf es ankommt.

In vielen Trainingsställen macht man sich nicht die Mühe, die Pferde permanent zu korrigieren. Folglich sind die so genannten Schulpferde oft nicht gut ausgebildet. Auf solchen Pferden erlernt der Reitschüler nicht die feine Hilfengebung, sondern gewöhnt sich sofort zu starke Zügelhilfen und oftmals zu starke Schenkelhilfen an, um bei den Tieren überhaupt die gewünschten Reaktionen auszulösen.

Ein Ausweg aus diesem Dilemma ist es, etwas ältere Tiere als Schulpferde einzusetzen, die früher im Turniersport aktiv waren. Sie sind ruhig genug und meist sehr sorgfältig und langfristig ausgebildet worden. Je länger ein Pferd ausgebildet wurde, umso besser bleibt sein Ausbildungsstand auch bei einem Anfänger erhalten. Fragen Sie deshalb nach dem Alter und dem genauen Ausbildungsniveau der Schulpferde, wenn Sie sich bei einem Westerntrainer zum Unterricht anmelden möchten, und bitten Sie um ein Pferd mit weichen, flachen Bewegungen, auf dem Sie in den Grundgangarten bequem sitzen können. Denn je angenehmer ein Pferd zu sitzen ist, desto leichter können Sie sich auf die Hilfengebung konzentrieren.

Während Ausbildungsställe mit guten Schulpferden also noch Mangelware sind, unterrichten mittlerweile immer mehr Trainer in ihren eigenen Ställen Privatpferde und deren Besitzer. Manche Ausbilder bieten auch Schulbetrieb auf Verkaufspferden an und/oder geben Kurse vor Ort für Reiter mit eigenen Pferden. An diesen Lehrgängen können natürlich auch Reiter teilnehmen, die eine Reitbeteiligung haben. Die Kurse müssen allerdings meist von den Reitern selbst organisiert werden.

Wie man einen guten Trainer findet

Umgangston: Wie wohl Sie sich bei einem Trainer fühlen, hängt auch von seinem Unterrichtsstil ab.

Turniererfolge sind nicht alles

Man sollte auf jeden Fall zu einem Trainer gehen, der Erfahrung im Unterrichten und Ausbilden hat, und sich nicht ausschließlich auf seine Turniererfahrungen verlassen. Denn ein Pferd und sich selbst so weit zu trainieren, dass man Erfolge in Wettbewerben erzielen kann, ist etwas ganz anderes, als dieses Know-how anderen zu vermitteln und die Geduld zu haben, einen Schüler in seinem Tempo lernen zu lassen.

Ich werde allerdings skeptisch, wenn ein Trainer von sich behauptet, er sei so gut, dass er sich dem Vergleich auf Turnieren nicht zu stellen bräuchte. Ich finde, ein guter Trainer sollte ab und zu an Turnieren teilnehmen bzw. früher teilgenommen haben, um auch für sich selbst herauszufinden, wie seine Leistungen einzuschätzen sind.

Trainer-Lizenzen

Zur Zeit ist die Ausbildung der Westerntrainer noch etwas verschwommen, auch wenn die Verbände vermehrt daran arbeiten, hier für mehr Klarheit zu sorgen. Zum einen gibt es die Fachübungsleiter, die vor allem für den Breitensport zuständig und sozusagen die rechte Hand der Reitwarte sind, die Unterricht geben können. Zum anderen erteilen auch die Verbandstrainer Unterricht. Sie sollten auf jeden Fall in der Lage sein, nicht nur Sie, sondern auch Ihr Pferd zu schulen. Geprüfte Bereiter gibt es beim Westernreiten noch nicht.

Schauen Sie sich um – aber genau!

Man sollte den Trainer seiner Wahl zunächst beim Reiten seiner Ausbildungspferde beobachten. Hat er Geduld oder nicht? Ist er einfühlsam und locker? Wie baut er sein Training auf? Machen Reiter und Pferd allgemein einen harmonischen Eindruck?

Die richtige Einschätzung wird natürlich dadurch erschwert, dass man zur Beurteilung eines logischen Trainingsaufbaus schon selbst einige Ahnung haben sollte. Aber auch wenn Sie noch nicht viel vom Westernreiten verstehen und z.B. von einer anderen Reitweise auf den Westernstil umsteigen möchten, können Sie manches gut einschätzen: Sind die Pferde entspannt und gleichzeitig konzentriert, oder haben sie Angst?

Aufschlussreich ist es auch, wie viele Pferde der Trainer bereits ausgebildet hat und wie zufrieden deren Eigentümer sind. Wenn Sie bei der Einschätzung eines Trainers unsicher sind, erkundigen Sie sich bei Pferdebesitzern, deren Tiere er trainiert hat. Die meisten Pferdehalter werden Ihnen sicherlich gerne von ihren Erfahrungen erzählen.

Außerdem sollten Sie den in Frage kommenden Trainer dabei beobachten, wie er seine Schüler unterrichtet. Gibt er sich Mühe, geht er auf die Schüler ein, erklärt er, warum eine Hilfe wie funktioniert, oder gibt er nur Anweisungen, die sich auf das Tempo und die Lektionen beschränken? Überprüft er, ob die Schüler seine Kommandos auch verstanden haben und umsetzen? Ist er von der Ausdrucksweise und von der Lautstärke her gut verständlich, und ist er konzentriert bei der Sache? Kann er auf den Schulpferden genau zeigen, wie die Aufgaben korrekt geritten werden?

Gefällt Ihnen die Art, wie seine Schüler reiten? Meist setzt sich der Reitstil des Trainers bei seinen Schülern fort. Außerdem haben Sie natürlich die Möglichkeit, Mitschüler ein bisschen über den Trainer zu befragen. Zufriedene Schüler sind sicherlich ein gutes Zeichen.

Anschriften von Trainern erhalten Sie bei den jeweiligen Zuchtverbänden bzw. Westernreitorganisationen (siehe Seite 156).

Schnupperstunde – ein Muss!

Wer am Westernreiten interessiert ist, sollte auf alle Fälle einen guten Trainingsstall aufsuchen, in dem er auf einem sehr gut ausgebildeten Pferd eine Schnupperstunde nehmen kann. Auf diesem Weg kann man überhaupt erst einmal spüren, wie angenehm sich das Westernreiten anfühlen kann. Eine solche Schnupperstunde sollten Sie sich unbedingt gönnen – unabhängig davon, ob Sie das Westernreiten erlernen, Ihr älteres Pferd umstellen oder Ihr junges Pferd einreiten lassen möchten.

Wenn Sie die Möglichkeit haben, sollten Sie mehrere Pferde einer Disziplin ausprobieren. Denn die einzelnen Tiere unterscheiden sich von den Bewegungsabläufen und damit von der Bequemlichkeit für den Reiter zum Teil erheblich. Sonst kann es passieren, dass Sie beispielsweise Reining-Pferde für sich ablehnen, nur weil das „Probier-Pferd“ vielleicht einen harten, kurzen Galopp hatte.

Es gibt noch nicht viele Möglichkeiten, solche Schnupperstunden zu nehmen. Das wird sich in den nächsten Jahren hoffentlich ändern.

Muss man ein eigenes Pferd haben?

Wer wirklich ernsthaft bei der Westernreiterei bleiben und nicht nur einmal pro Woche auf einem gut ausgebildeten Pferd sitzen möchte, der wird um den Kauf eines eigenen Pferdes – ähnlich wie in anderen Reitweisen auch – nicht herumkommen. Eine Alternative zum eigenen Pferd kann eine Reitbeteiligung sein, wobei man allerdings darauf achten muss, dass beide Reiter die gleiche Umgangsform mit dem Pferd haben. Es gibt viele sehr gute Amateurreiter, die hervorragend ausgebildete Pferde haben und aus Zeitmangel Mitreiter suchen. In ihrem eigenen Interesse vermitteln sie ihr Wissen dann gleich an die Reitbeteiligung. Solche Pferdebesitzer finden Sie z.B. über Anzeigen in Pferdezeitschriften oder über Aushänge am schwarzen Brett des jeweiligen Stalls.

Wie geht's den Pferden?

Gute Anhaltspunkte für die Qualität eines Ausbildungsstalls sind auch das Verhalten und die Haltung der Pferde. Sind die Tiere freundlich und neugierig? Sind die Boxen hell, luftig und sauber? Haben die Pferde die Möglichkeit, sich auf der Weide oder im Paddock in Gesellschaft von Artgenossen frei zu bewegen? Sind Fell und Hufe gepflegt, haben die Pferde einen ordentlichen Hufbeschlag, und ist das Sattelzeug in einwandfreiem Zustand?

All das sind Anzeichen für einen gut geführten Stall. In solchen Betrieben ist meist auch die Einstellung gegenüber Pferd und Reiter von Verantwortungsbewusstsein, Respekt und Achtung geprägt.

Worauf Sie beim Kauf eines Westernpferdes achten sollten

Wer bei der Beurteilung eines typischen Westernpferdes oder eines fürs Westernreiten geeigneten Tieres unsicher ist, sollte zum Kauf unbedingt einen erfahrenen Westerntrainer mitnehmen, dem er vertraut und der auch weiß, was der Kaufwillige sucht und was für ihn sinnvoll ist. Denn der Berater soll ja nicht nach seinem eigenen Geschmack aussuchen, sondern mit beurteilen, was zu dem Ratsuchenden und zu seinen Wünschen passt. Am besten nimmt man zuerst Schnupperstunden, um überhaupt herauszufinden, wie das gewünschte Pferd ausgebildet sein soll. Bei der Auswahl des Pferdes lässt man sich dann von dem Trainer beraten, bei dem man selbst in Ausbildung ist oder der das neue Pferd ausbilden soll.

Außerdem rate ich auf alle Fälle zu einer fachtierärztlichen Ankaufsuntersuchung, um eventuelle Verschleißerscheinungen oder Mängel von vornherein auszuschließen. Die Ausgaben dafür lohnen sich allemal!

Selbstverständlich muss der Kaufinteressent das Pferd mindestens einmal in Ruhe, ohne Zeitdruck oder Platzmangel in allen Grundgangarten geritten haben. Er kann es sich zusätzlich auch noch von seinem Trainer und/oder dem Verkäufer vorreiten lassen. So kann er gegebenenfalls sehen, was noch in dem Pferd steckt, falls seine eigenen Fähigkeiten noch nicht so fortgeschritten sein sollten.

Man sollte dafür sorgen, dass man nach dem Kauf nicht alleine auf sich gestellt ist, sondern dass einem jemand zur Seite steht, der einem über die Kennenlernphase hinaus fachlich weiterhelfen kann.

Es spricht nichts dagegen, ein Importpferd zu kaufen, sofern man nicht auf verlockende Billigimporte hereinfällt. Dabei handelt es sich oftmals um „Ausschussware" – um Pferde, die in den Staaten evtl. die Zuchtkriterien nicht erfüllen und hier zu teuer angeboten werden.

Für ein ausgebildetes Westernpferd muss man derzeit etwa 15.000 Mark bezahlen. Bei den Turniercracks steigt die Summe ins Unermessliche. Qualität wird nicht verschenkt – doch Vorsicht: Nicht alles, was teuer ist, ist deshalb auch gut!

Die Preise sind verständlich, wenn man sich alleine die Aufzucht vor Augen führt. Bereits die durchschnittliche Decktaxe eines Hengstes liegt zwischen 1.500 und 2.000 Mark. Die nötigen Tierarztuntersuchungen für Mutterstute und Fohlen, Wurmkuren, Impfungen, Hufschmied und drei Jahre Fohlenweide treiben die Kosten bereits auf 8.000 bis 10.000 Mark hoch, wenn man nicht selbst über Weiden oder einen Hof verfügt.

Wer mit dem Kauf eines ausgebildeten Westernpferdes liebäugelt, sollte einen Trainer mitnehmen, der sich mit den Blutlinien gut auskennt und die bisherigen Erfolge des Pferdes sowie sein Potenzial einschätzen kann. Er kann die Papier beurteilen, und den derzeitigen Preis des Pferdes an Hand des Ausbildungsstandes etc. einschätzen.

Denken Sie daran: Nach dem Kauf sind die Grundkosten für Stall, Hufschmied etc. bei jedem Pferd gleich, egal, ob es ein Champion oder ein Problempferd ist – oder gar ein krankes Tier, das richtig teuer werden kann.

Es gibt natürlich auch die Möglichkeit, kein reinrassiges Westernpferd zu kaufen, sondern ein western ausgebildetes Pferd einer anderen Rasse. Doch leider gibt es nur wenige Eigentümer solcher Pferde, die in eine gute Trainerausbildung investieren. Ein von einem kompetenten Trainer ausgebildetes Pferd ist selten günstig zu bekommen. Das gilt auch dann, wenn es kein „typisches" Westernpferd ist.

Erst prüfen, dann kaufen

Mein Rat: Nehmen Sie bei verschiedenen Ausbildern Unterricht auf unterschiedlichen Pferden, bevor Sie ein Pferd kaufen. Wählen Sie erst einen Trainer, und nehmen Sie diesen dann zum Pferdekauf mit.

Zu guter Letzt ...

... hoffe ich, dass ich Sie mit meinen Erfahrungen in Ihrer Situation unterstützen konnte – sei es, dass Sie als unerfahrener Reiter mit dem Westernreiten beginnen, dass Sie von einer anderen Reitweise auf den Westernstil umsteigen wollen oder dass Sie bereits Westernreiter sind und dieses Buch auf der Suche nach verständlichen Erklärungen oder neuen Anregungen zur Hand genommen haben.

Wenn ich in meiner täglichen Praxis Reiter und Pferde unterrichte, bekomme ich eine direkte Rückmeldung und sehe, ob meine zwei- und vierbeinigen Schüler meine Erklärungen verstanden haben und umsetzen können. Dieses Buch ist dagegen eine Art „Trockenkurs", und ich muss es Ihnen überlassen, wie Sie meine Ausführungen interpretieren und anwenden.

Deshalb ist es mir wichtig, nochmals darauf hinzuweisen, dass dieses Buch selbstverständlich kein Ersatz für den Unterricht durch einen guten Trainer sein kann. Bitte suchen Sie sich einen erfahrenen, kompetenten Trainer, der individuell auf Sie und Ihr Pferd eingeht. Denn jedes Pferd ist eine Persönlichkeit und bringt seine ganz spezifischen Voraussetzungen mit – genau wie jeder Reiter. Um dieses Verständnis für die Individualität und um den bewussten Umgang mit Pferden geht es mir in diesem Buch.

Kommunikation, wie ich sie verstehe, verlangt besonders vom Reiter große Aufmerksamkeit. Er muss die Reaktionen seines Pferdes ständig kritisch beobachten und versuchen, dessen Situation zu verstehen. Nur dann wird er in der Lage sein, seine Hilfen so zu geben, dass das Pferd sie begreifen kann. Wenn beide so voneinander lernen, können Pferd und Reiter wirklich harmonieren und gemeinsam Spaß haben – und den wünsche ich Ihnen und Ihrem Pferd!

Die Autorin

Neben ihrer klassischen Reitausbildung in Deutschland lernte Ute Holm in den USA das Westernreiten kennen und fand damit zu ihrer Reitweise. Nach ihrem langjährigen Training im klassischen Westernstil begann sie 1981 auf Westernturnieren zu showen – mit großem Erfolg. Heute ist die Stuttgarterin eine der erfolgreichsten Profiwesterntrainerinnen für Allroundpferde und -reiter. Ute Holm trainiert Pferde, gibt Reitunterricht und organisiert in Deutschland und den USA Fortbildungsseminare für Richter, Reiter und Trainer. Ihr Schlüssel zum Erfolg ist dabei ihre sehr gut verständliche Art, Reiter und Pferde zu unterrichten.
Ute Holm und einige ihrer Schüler haben bereits mehrere Europameisterschaften und deutsche Meisterschaften in verschiedenen Westerndisziplinen gewonnen. 1999 führte Ute Holm die deutsche Mannschaft beim Ländervergleichskampf des International Cutting Team Championship in Jackson/USA zum Sieg.

Danksagung

Viele Menschen haben mich auf meinem Weg unterstützt und begleitet. Dafür danke ich ihnen, auch wenn ich sie hier nicht alle namentlich erwähne.

Ich danke meinem Mann, der großes Verständnis dafür aufbringt, dass ich viel Zeit mit Pferden und Reitern verbringe. Ich bedanke mich bei meiner Co-Trainerin Annette Kastel, die mich durch den größten Teil meiner Turnierlaufbahn begleitet hat, für ihre unermüdliche Unterstützung. Mein ganz herzlicher Dank gilt Familie Seyb, die seit vielen Jahren meine eigenen Pferde und die meiner Kunden versorgt und sich hervorragend um die Tiere kümmert. Ich danke allen Pferdebesitzern auf dem Balsaminenhof und meinen Reitschülern, die mich fordern und motivieren. Mein Dank gilt außerdem den Eigentümern der Trainingspferde, die mich vor immer neue Aufgaben stellen, und meinen Turnierhelfern, die mir so geduldig helfen. Des Weiteren bedanke ich mich bei meinem ganz besonders engagierten Hufschmied, Matthias Maier „Kreidler", und meinem Tierarzt, Dr. med. vet. Bernd Biesinger, der jederzeit für unsere Pferde da ist. Ich danke all den Western- und Klassisch-Trainern in den USA, in Kanada und in Deutschland, von denen ich so viel gelernt habe – und ich bedanke mich bei allen, die mir bei der Entstehung und Korrektur dieses Buches geholfen haben.

Mein besonderer Dank gilt den vielen Pferden, die mich gelehrt haben, dass oft der langsame Weg der Weg ist, der am schnellsten zum Ziel führt.

Ute Holm, im September 1999

Vereine & Verbände

Es gibt drei große deutsche Westernpferdezuchtverbände, und zwar für Appaloosas (ApHCG), Paints (PHCG) und Quarter Horses (DQHA). Bei den Turnieren der Zuchtverbände dürfen nur Pferde der entsprechenden Rassen mit Originalpapieren aus den USA starten. Diese Zuchtverbände veranstalten Wettbewerbe in allen Westerndisziplinen und in den Englischklassen, wie sie in den USA üblich sind. Dabei werden kaum Preisgelder ausgeschüttet. Die Sieger und Platzierten erhalten jedoch Punkte, die gesammelt werden. Aufgrund dieser Punkte erhalten die Pferde Zertifikate des jeweiligen Zuchtverbandes, die ihnen besondere Rittigkeit und Leistungen bescheinigen.

Neben diesen Zuchtverbänden gibt es noch einige Westernreitverbände.

Die National Reining Horse Association (NRHA of Germany) ist offen für alle Rassen, aber nur für Pferde, die in der Reining ausgebildet sind. Reizvoll an den Veranstaltungen dieses Verbandes ist neben den Preisgeldern die Tatsache, dass die Plätze und Böden wirklich perfekt für diese Disziplin ausgestattet sind, sodass die Pferde zeigen können, was in ihnen steckt. Von der NRHA werden ausschließlich Reiningprüfungen veranstaltet.

Die National Cutting Horse Association (NCHA of Germany) ist ebenfalls offen für alle Rassen, allerdings nur für ausgebildete Cutting-Pferde. Das Gleiche gilt für die National Snaffle Bit Association (NSBA of Germany), die Turniere für Pleasure-Pferde veranstaltet. In allen Verbänden gibt es spezialisierte Richter, die besondere Zulassungen bzw. Qualifikationen haben müssen.

Ein weiterer Verband, der für alle Pferde offen ist, ist die Erste Westernreiter Union Deutschlands (EWU). Die EWU bietet Wettbewerbe in allen Westernreitdisziplinen an.

Deutschland:

Appaloosa Horse Club Germany e.V. (ApHCG)
1. Vorsitzender: Günter Hoffner
Felsbergstr. 31 - D-64342 Seeheim-Jugenheim - Tel.: 06257/2808
E-Mail: Ghsaddle1@aol.com - Internet: www.aphcg.de

Deutsche Quarter Horse Association e.V. (DQHA)
Geschäftsstelle
Daimlerstr. 22 - 63741 Aschaffenburg
Tel.: 06021/584590 - E-Mail: info@dqha.de - Internet: www.dqha.de

Paint Horse Club Germany e.V. (PHCG)
Geschäftsstelle
Stephanie Stoischek - Dorfstr. 3a - D-39359 Eichendorf
Tel.: 039057/98991 - E-Mail: service@phcg.de - Internet: www.phcg.de

National Reining Horse Association Germany e.V. (NRHA)
Geschäftsstelle
Gerda Kneisel - Amtsgarten 3 - D-63916 Amorbach
Tel.: 09373/7100 - E-Mail: nrha-germany@t-online.de
Internet: www.nrha.de

National Cutting Horse Association of Germany e.V. (NCHA)
Geschäftsstelle
Pflugstrafle 16 - D-86356 Neusäß - Tel.: 0821/4868126
E-Mail: NCHA.Germany@gmx.de - Internet: www.ncha.de

Erste Westernreiter Union Deutschland e.V. (EWU)
1. Vorsitzender : Heinz Montag
Freiherr von Langen-Strafle 13 - D-48231 Warendorf
Tel.: 02581/785076
E-Mail: info@ewu-bund.de - Internet: www.ewu-bund.de

Österreich:

Austrian Western Riding Breeding Association (AWA)
Geschäftsstelle: Gerda und Heinz Langer
Raitlstrafle 154 - A-2392 Sulz - Tel.: 0043/2238 8484
E-mail: awa@awa.at - Internet: www.awa.at

Schweiz:

Swiss Western Riding Association (SWRA)
Geschäftsstelle: Lilian Meier
Steinberggasse 54 - D-8400 Winterthur
Tel.: 0900/805030 - Fax:. 0052/2123842
E-Mail: info@swra.cham - Internet: www.swra.ch

Sachregister